■ 成都理工大学2024—2026年高等教育人才培养质量和教学改革项目"人工智能背景下基于产教融合的'新媒体采编与运营'课程教学改革探索"

NEI RONG CHUANG XIN YU CHUAN BO：
XIN MEI TI WEN AN CHUANG ZUO YU YUN YING

内容创新与传播：
新媒体文案创作与运营

梁虹　编著

华中科技大学出版社
http://press.hust.edu.cn
中国·武汉

内 容 简 介

本书是一本全面介绍新媒体领域相关知识的教材,旨在帮助读者理解和掌握新媒体的核心概念、特性及其在当今社会中的应用。本书分为理论篇和实训篇,通过对新媒体的发展历程、类型、特点及内容策划和制作的深入探讨,为读者提供了系统的理论知识和实践指导。

全书共分为八章,从入门知识到新媒体平台的认知,再到内容创作与加工,每一部分都详尽阐述了相关知识点。其具体内容包括新媒体的定义与特征、数字技术与网络技术的发展对新媒体的影响、各类新媒体平台的功能与应用,以及新媒体内容策划和制作的步骤与技巧。

书中不仅有丰富的理论分析,还结合了大量实际案例和操作指南,帮助读者在理论学习的同时,能够在实践中有效应用这些知识,提升新媒体内容创作与运营的能力。本书适合新媒体从业者、高校相关专业学生及对新媒体感兴趣的广大读者。通过本书的学习,读者将能够更好地适应和把握新媒体时代的发展潮流,成为新媒体领域的专业人才。

图书在版编目(CIP)数据

内容创新与传播:新媒体文案创作与运营/梁虹编著. -- 武汉:华中科技大学出版社,2024.12.
ISBN 978-7-5772-1318-7
Ⅰ.G206.2
中国国家版本馆 CIP 数据核字第 20248TJ940 号

内容创新与传播:新媒体文案创作与运营　　　　　　　　　　　　　　　梁　虹　编著
Neirong Chuangxin yu Chuanbo:Xinmeiti Wen'an Chuangzuo yu Yunying

策划编辑:汪 粲	
责任编辑:余 涛　李 昊	
封面设计:廖亚萍	
责任校对:刘 竣	
责任监印:周治超	

出版发行:华中科技大学出版社(中国·武汉)　　电话:(027)81321913
　　　　　武汉市东湖新技术开发区华工科技园　　邮编:430223

录　　排:华中科技大学惠友文印中心
印　　刷:武汉科源印刷设计有限公司
开　　本:787mm×1092mm　1/16
印　　张:8.75
字　　数:203 千字
版　　次:2024 年 12 月第 1 版第 1 次印刷
定　　价:42.00 元

本书若有印装质量问题,请向出版社营销中心调换
全国免费服务热线:400-6679-118　竭诚为您服务
版权所有　侵权必究

前言

在当今数字化时代,新媒体的快速发展和普及带来了媒体内容和传播方式的深刻变革,对社会和个人产生了广泛而深远的影响。新媒体不仅是信息的来源,更是社会认知和文化认同的重要平台。新媒体的发展使得社会变得更加复杂且多样化。直播、短视频等新媒体形式正在快速成为大众热衷的内容与形式,掀起了全民内容消费的热潮。因此,对于新媒体环境下的内容制作、传播和消费,以及相关的理论框架和方法,我们需要更加深入地了解和探索。

作为教材的作者,我深信新媒体已经成为我们日常生活和社会运行的重要组成部分。正因如此,本书需要培养学生的媒体素养和批判性思维,让他们成为适应新媒体环境的、有能力的传播者和内容创作者。本书聚焦新媒体内容的策划,通过理论与实践相结合的方法,完成教学培养目标,旨在帮助学生了解新媒体环境下的内容制作、传播,以及相关的理论框架和方法。我们希望通过本教材,引导学生理解新媒体的本质、特点和发展趋势,让他们能够掌握新媒体内容的生产方法和传播技能,从而提高他们的媒体素养和创作能力。

本书的教学模式为"理论+实践",理论指导实践,实践巩固理论,打造"参与式"和"合作式"教学。本书共分为八章,前七章中每一章涵盖一个特定的知识主题,最后一章为相关理论知识配套的实训任务。本书在采用案例教学、情景模拟和角色扮演等教学方法过程中,注重实践分析工具的应用。同时,每章还设有相关的课堂讨论和热门案例分析,帮助学生深入理解知识点。本书特别注重培养学生的团队协作能力、统筹管理能力、理解能力、资料收集与整理的能力、分析能力、实践能力和创新能力,旨在提升学生的综合素质。通过课堂互动,我希望每位学生都能够积极参与,从而发展学生的学习兴趣和提高学生的自主学习能力,丰富课堂教学的形式与内容。

在编写过程中,本书得到了企业运营人员和院校专业人士的宝贵意见和反馈。正是他们的辛勤工作和积极参与,使得本书得以如期完成。在此感谢各位专家、老师们的大力支持和帮助。

由于新媒体行业涉及的内容具有较强的时效性,加之编写时间及编者水平有限,本书可能会存在不足之处。因此,我诚恳地请广大读者批评指正,以使本书不断改进和完善。我期待着您的反馈,希望我们共同努力,使本书更加符合读者的需求和期待。

编者

2024 年 8 月

目录

理 论 篇

第 1 章　入门知识：新媒体，新内容 / 3
　1.1　认识新媒体 / 3
　1.2　新媒体平台认知 / 6
　1.3　如何成为一个合格的新媒体人 / 14

第 2 章　新媒体内容定位 / 16
　2.1　明晰方向，市场调研需找准内容方向 / 16
　2.2　精准需求，做好内容定位 / 21
　2.3　确定方向，做好账号定位 / 24
　2.4　助力平台账号，巧取新名 / 27

第 3 章　新媒体内容选题策划 / 30
　3.1　内容选题策划的含义及要素 / 30
　3.2　选题技巧，轻松破题 / 32
　3.3　寻找选题的常见方法 / 38
　3.4　全面评估，超越表象——深度数据分析 / 40

第 4 章　新媒体内容创作 / 45
　4.1　新媒体图文创作 / 45
　4.2　新媒体短视频内容创作 / 53
　4.3　深度解析各平台特点与内容发布策略 / 58
　4.4　新媒体内容传播 / 65

第 5 章　标题构思——优质标题的表达技巧 / 70
　5.1　标题的形态：从核心到碎片 / 70
　5.2　优质标题的四个原则 / 74
　5.3　如何写出有吸引力的标题 / 79
　5.4　标题撰写误区 / 84

第 6 章　图片美化与排版设置 / 86
　6.1　图片美化，精彩纷呈 / 86

  6.2 排版设置，优化阅读 / 93
第7章 新媒体内容创作的方向与趋势 / 98
  7.1 新媒体受众人群特征 / 98
  7.2 大数据技术的崛起 / 100
  7.3 人工智能技术 / 104
  7.4 虚拟现实技术和增强现实技术 / 107

实 训 篇

第8章 实训任务 / 115
  8.1 新媒体平台选择 / 115
  8.2 平台日常内容审核 / 118
  8.3 新媒体平台实操 / 119

参考文献 / 132

理论篇

第 1 章 入门知识：新媒体，新内容

随着数字化、多媒体和网络技术的蓬勃发展以及移动智能终端设备的广泛普及，新媒体作为一种新兴媒介，正在逐渐颠覆传统媒介的格局。其突出特点在于打破了传统媒体之间的壁垒，消除了媒介、地域甚至传播者与接收者之间的边界。这种变革不仅让媒介传播的形态焕然一新，而且对传统媒体造成了冲击。

新媒体以即时性、交互性、多媒体化、个性细分化、开放共享等特质为标志，催生了新媒体内容策划这门崭新的学科。想要精通新媒体内容创作，首先需要深入了解新媒体的内在含义和独特特点，掌握不同类型新媒体及其特质。

在接下来的学习中，我们将深入探讨新媒体的奥秘，并引领大家走进新媒体内容创作领域，为大家初步把握新媒体的运营，助力大家适应这个快速发展的媒体时代。

1.1 认识新媒体

数字技术和网络技术的高速发展催生了新媒体的行业。自新媒体问世以来，其惊人的发展速度和广泛的影响规模对传统媒体，如报纸、广播和电视等，提出了严峻的挑战。目前，新媒体正以不可阻挡的势头，迅速渗透到人类社会的政治、经济、思想、文化等多个领域。它不仅改变了社会的传播方式，同时深刻地影响着人们的生活方式和思维方式。

1.1.1 什么是新媒体

"媒体"一词源自拉丁语的"medius"，意为"中间"。媒体是一种用于传播信息、观点、文化等内容的工具或平台，媒体的形式和功能随着科技的发展和社会的变迁而不断演变，但其核心任务一直是为人们提供信息和促进社会交流。马歇尔·麦克卢汉（Marshall Mcluhan）在《理解媒介——论人的延伸》中认为媒介不仅仅是信息传递的工具，更是一种扩展人类感知和认知的延伸。他提出了著名的观点："媒介即讯息。"他强调不同的媒介形式对人类的感知和思考方式产生了深远的影响。

传统媒体通常指的是在数字化时代之前，主要通过印刷、广播和电视等传统手段传播信息的媒体形式。这些传统媒体在技术和形式上相对固定，其内容主要通过有形媒介传递给大众。

在传播学和科技发展的背景下，不同的人可能在不同的领域或时间内首次提出或使用过"新媒体"这一术语。"新媒体"一词的起源可追溯到英文中的"new media"。从空间上看，

新媒体特指利用数字压缩和无线网络技术支持的传播媒介。相对于传统媒体而言,新媒体具有大容量、实时性和交互性的特点,能够跨越地理界限实现全球化的传播。

新媒体包括各种形式,如新闻资讯类应用(如今日头条、网易新闻、腾讯新闻)、视频娱乐类应用(如优酷、哔哩哔哩、爱奇艺、腾讯视频)、社交类应用(如微信、微博、QQ),以及围绕"吃、喝、住、行、玩"等垂直类的App(如团购、美食、旅行、导航、电影娱乐等类型App)。

这些新媒体形式利用数字技术,以及无线网络的便利性,使得信息传播更为迅速、多元化,并且在用户参与和互动方面提供了更广泛的机会。新媒体的兴起对社会、文化和经济产生了深远的影响,成为当今社会信息传播和娱乐的重要组成部分。

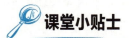

新媒体:不断刷新的定义和形态

新媒体的定义和形态被不断刷新,这不仅反映了技术的发展,也受到用户需求和社会变革的影响。在这个不断演变的过程中,新媒体将继续发挥关键作用为信息传播提供更加多样的可能性。新媒体之所以"新",是因为它是一个动态、灵活并且在不同层面受到多方面因素影响的概念。这种灵活性使得新媒体能够适应不断变化的社会、技术和文化环境。其演进历程如下。

初始阶段(数字技术媒体):新媒体最初是以数字技术为基础的媒体形态,包括数字电视、数字广播等。

互联网时代(在线媒体):随着互联网的兴起,新媒体发展为在线媒体,它强调了实时性和互动性,包括门户网站、博客、在线新闻等。

社交媒体时代(社交化传播):社交媒体的崛起标志着新媒体进入社交化传播阶段,它强调了用户生成内容和社交互动。社交媒体是新媒体的一个典型例子,从最早的人人网、开心网,到后来的微博、微信、抖音、快手等,展示了用户社交和信息分享的不断演变。这些社交媒体平台成为人们沟通、互动、分享生活和观点的主要场所,对新媒体的定义和发展产生了深远的影响。社交媒体的兴起及用户行为的变化都在重新定义新媒体的概念和形态。

未来,新媒体可能继续演变为更智能、跨平台的形态,整合各种数字化平台;区块链技术、人工智能等新技术的应用也可能进一步改变信息传播的方式。

1.1.2 新媒体的特点

在新媒体时代,信息传播的速度更快,受众的范围更广,传播方式更加多样化。所以,新媒体具有一系列与传统媒体有所区别的独特性。以下是新媒体的一些主要特点。

即时性(real-time):新媒体能够实时传播信息,用户能够迅速获取最新的资讯和事件。例如,今日头条、微博的即时更新的功能,允许用户随时获取最新的新闻和事件。

交互性(interactivity):用户可以与平台和其他用户进行双向互动,评论、点赞、分享等功能,增强了用户的参与感和社交性。例如,微博的点赞、评论、分享功能使用户能够直接参与内容的创造与分享。

多媒体化(multimedia)：新媒体以多媒体形式呈现信息，包括文本、图像、音频、视频等，丰富了内容的呈现形式。例如，爱奇艺、抖音提供了多样化的视频内容，涵盖了教育、娱乐和生活等方面。

个性化(personalization)：新媒体能够根据用户的兴趣、行为和偏好，提供个性化的内容推荐和服务，增加用户体验的定制性。例如，腾讯视频等App通过分析用户的观看历史为用户推荐个性化的电影和电视节目。

开放性(openness)：新媒体的开放性表现在其通常是开放的平台，允许用户自由创作和分享内容，降低了信息传播的门槛，同时促使用户生成内容。这种开放性使得任何人都可以参与其中，促进了信息的广泛流动和共享。

全球化(globalization)：新媒体使信息能够迅速传播到全球各个位置，打破了地域限制，促进了国际交流和理解。

实时反馈(real-time feedback)：用户能够迅速给予反馈，如评论、点赞、分享，这使得内容生产者能够即时了解受众的反应。

社交性(sociability)：社交媒体是新媒体的一大组成部分，注重用户之间的社交互动和网络建设，强调社会性和共享性。例如，QQ、微信等社交媒体应用突出了用户之间的社交互动和分享功能。

无线网络(wireless)：新媒体在很大程度上依赖于无线网络技术，使用户能够在移动设备上随时随地访问和分享信息。

可测量性(measurability)：新媒体提供了丰富的数据分析工具，能够追踪用户行为、反馈和趋势，帮助内容创作者和平台进行优化。

这些特点共同构成了新媒体的基本特质，使其在信息传播、互动体验和社交互动方面与传统媒体有着显著的不同。

1.1.3　新媒体内容创作与加工

新媒体内容的创作与加工技术是关于如何有效地策划、制作和处理新媒体内容的方法。这涉及在不同平台上以吸引人、引起关注并与受众互动的方式呈现信息。

1. 新媒体内容策划

策划是一种积极主动的计划方法，其核心在于通过充分调查市场和相关环境，为实现特定目标制定科学可行的方案。策划需遵循一定的规律，以系统、周密和科学地预测未来可能发生的事情为基础，以确保策划的科学性和可操作性。新媒体内容也需要策划，这决定了内容产生必定是一个系统性的过程，主要分为以下几个步骤。

首先，进行背景分析。深入了解市场环境，包括行业状况、产品情况、竞争态势，以及消费者行为。这将有助于洞察问题根源和找到市场机会。

其次，需要明确目标。这包括在一定时间内通过新媒体传播广告信息来影响目标市场。具体的目标受众、销售地域、营销力度和广告预算都会对目标的设定产生影响。

再次，策略选择。这涉及选择合适的新媒体平台，确保它们能够有效地传达广告信息。同时，这也需要考虑在多种新媒体中形成矩阵，提高广告传播效果。

最后，制定执行方案。将策略转化为具体行动，确保新媒体目标的可行性。通过有效实施新媒体方法，我们能够根据市场研究和策略设定，选择合适的方式来执行整体方案。

这一系列步骤的有机结合确保了新媒体内容策划的科学性和系统性，从而更好地实现广告目标。

2. 新媒体内容生产

新媒体在生产阶段中包含收集素材、整理资料、编辑创作和加工内容的环节。其具体操作的路径是先拟草稿并添加关键词，接着进行内容创作，随后进行修改，最终完成标题的定稿。虽然我们会通过文字、图片、音频、视频和直播等多种形式来呈现内容，但关键在于运用多样的创作技巧和加工工具，包括但不限于图像设计、视频编辑、文案撰写等。通过巧妙运用这些技术，可以生动地传达信息，吸引观众的注意力。这一流程的设计旨在确保所创作的内容在质量和吸引力上达到最佳效果。

总体而言，新媒体内容的创作与加工技术需要综合运用策划、设计和制作等环节，以适应不断变化的社会、技术和文化环境，从而更好地满足受众的需求。

1.2　新媒体平台认知

课堂思考

在新媒体中哪些平台是你经常使用的？为什么？你曾经转发过哪些内容？或者你还记得印象最深的一篇内容是什么？

新媒体的蓬勃发展如同一道风景线，已经深刻融入我们的日常生活。通过社交媒体，我们能够与远在他乡的亲友分享生活中的点滴，感受到彼此的温暖；在视频平台上，我们沉浸于各种创意、知识和娱乐，开启属于自己的学习和放松时光；微信、微博等新媒体平台则成为即时获取新闻、参与热门话题的窗口，将世界的多彩与变化呈现在我们的指尖。

随着互联网的迅猛发展和用户需求的升级，新媒体平台正逐渐细分为资讯、导购、视频、社交、音频等多个类别，以更好地满足不同领域的用户需求。这种多元化的发展趋势使得新媒体在各个领域都能更精准地传达信息和服务。

1.2.1　社交类平台

当前，全球有 40% 的人口参与社交媒体，平均每人每天花费 2 小时在这些平台上互动、分享和发布信息。在这种背景下，出现了各种社交娱乐的新方式，如 QQ、微信、微博等社交平台迅速崛起，满足了不同群体的社交需求。

1. 微博

微博是一种基于用户关系信息分享、传播,以及获取的广播式社交媒体和网络平台。它的内容以短文本为主,强调即时性和社交互动。用户可以通过140字以内的文字表达观点、分享生活,从而激发了言简意赅的创作风格。微博也支持多媒体内容,包括图文、音频、视频等,这种多样化的内容丰富了信息的传达方式。微博最显著的特点是信息的快速发布和传播,而用户的互动行为如评论、点赞、转发等构建了一个庞大的社交网络。热门话题和热搜榜直接影响着信息的传播效果,使得微博成为一个充满活力和交流的社交平台。

在这个短时间内快速传递信息的平台上,微博需要抓住用户的注意力,以简洁明了的形式引导关注,同时结合热门话题和视觉冲击力,提高信息的传播和互动效果(见图1-1)。

图1-1 微博登录界面(图片来自网络资源)

2. 微信

2023年,微信全球月活跃用户达13亿,微信以其全球性的社交、支付、媒体和小程序等生态系统成为全球最大的社交媒体之一。

微信于2011年1月上线,最初以即时通信为主;随后,在2012年推出了朋友圈和语音聊天,逐步扩展沟通方式;2013年引入微信支付和公众号,为用户提供支付和内容创作平台;2016年推出小程序,使应用更轻便;2017年引入小游戏,完善了小程序生态。

微信内容关键在于简短明了地表达了核心信息,个性化互动元素提高了趣味性,话题引导和感情化表达增加了曝光度和情感共鸣。通过图片视频搭配形成生动内容,引导用户点击行为,朋友圈分享促进社交传播,互动引导增强了用户的参与性。微信综合运用这些元素,创造了多样性且具有吸引力的文案,提升了用户体验和内容传播的效果(见图1-2)。

3. 知乎

知乎是一个社会化社交网站,成立于2010年1月,由前阿里巴巴的工程师周源创建。其核心功能是用户可以提出问题,其他用户可以回答问题,也可以对问题和回答进行评论、点赞等互动。知乎注重对知识和信息的整理、分享和传播,以高质量内容、专业领域、精英用

图 1-2　微信登录界面(图片来自网络资源)

户、匿名回答、社交功能和推荐系统为特点,提供了丰富的知识和信息(见图1-3)。

图 1-3　知乎登录界面(图片来自网络资源)

1.2.2　资讯类平台

资讯类平台是用户获取各种新闻、资讯和内容的重要渠道,其中包括今日头条、腾讯新闻、一点号、搜狐号等知名平台,以及一些专注于特定领域的垂直资讯类信息平台。

今日头条是中国规模最大的新闻阅读平台之一,其用户群体覆盖全球,超过6.5亿人,其中80%的用户主要倾向于阅读资讯。庞大的用户基数涵盖了移动互联网中的"小镇青年",以及对资讯有高度需求的"80后"和"银发老人"群体。其日活跃用户达到1.2亿人次,位居行业榜首。作为智能推荐技术为核心的资讯平台,今日头条致力于提供个性化、多元化的新闻资讯服务(见图1-4)。

图1-4 今日头条登录界面(图片来自网络资源)

同时,头条号作为平台上的个人创作者已超过160万个,其中包括超过10万名优质的垂直类创作者,涵盖100多个垂直类别,尤其在体育和汽车领域,日均阅读量超过5000万人次。头条号上的内容创作具有巨大规模,文章发布量达到1.6亿篇,视频发布量超过1.5亿个。这表明今日头条在内容生态方面建立了一个庞大而多样化的系统,吸引了广泛的用户和内容创作者,为用户提供多元而富有趣味性的信息和娱乐体验。

1.2.3 电商类平台

淘宝作为电商领军平台,在2016年启动了淘宝达人计划,全面探索内容导购。其他电商平台如京东、苏宁易购也纷纷发展内容建设,都经历了图文、短视频到直播的一体化发展。近几年,拼多多通过社交拼团崛起,而小红书以用户生成的内容,将社交与电商有机地结合,为用户提供了更具参考价值的购物决策信息。这些平台在内容和新媒体技术上的探索,为电商行业带来了多样化的发展路径。

1. 淘宝电商平台

2015年,淘宝启动"达人淘""淘宝头条"以满足用户碎片化时间,通过外部招募和内部培养"淘宝达人"制定政策。2016年,淘宝成立"淘宝达人学院",并举办第一期"淘宝达人训练营",推动内容生态建设,推出了多种频道。2020年年底,淘宝进行了内容升级,将"微淘"升级为"订阅"、将"买家秀"升级为"逛逛",并首次将"猜你喜欢"引入淘宝App的首页。改版后,"订阅"频道成为商家内容的自运营基地,方便消费者一次性浏览店铺的上新、优惠和互动信息,同时可以直接跳转到产品详情页;"猜你喜欢"通过信息流中的推荐机制,在首页就能展现图文短视频和直播等多种内容。

在导购类平台中,用户具有天然的购物属性,淘宝通过努力打造图文、短视频、直播等多种内容形式,快速链接能直达店铺,形成了电商闭环。因此,对商家而言,在淘宝进行新媒体运营是一种明智的选择。淘宝的"千人千面"分发机制基于用户在平台的购物数据,能够更好地将内容、产品与人群匹配,实现精准地分发与推送(见图1-5)。

图1-5 淘宝登录界面(图片来自网络资源)

2. 拼多多

拼多多成立于2015年,是一家发展迅速的新兴电商平台,以拼团购物方式著称。与淘宝、京东不同的是,拼多多在购物流程中没有"加入购物车"和"立即购买"选项,而是设有"单独购买""去拼单"和"发起拼单"三个选项。拼单的价格较低,能吸引消费者通过拼团享受折扣。拼多多运用了"多购买、多优惠"的经营模式,实现商家薄利多销,让顾客以更低的价格获得更多的优惠。

据QuestMobile数据,2023年7月,拼多多DAU(日活跃用户数量)约3.07亿、月活用户约6.56亿。在用户的共同推动下,以"拼"为核心的新消费业态正影响着中国消费市场,推动传统模式的变革,使平价、优质的商品成为内需消费的主流,满足广大用户的需求(见图1-6)。

3. 小红书

小红书是一款基于社区的移动电商应用程序,由上海商学院两位学生王璐和吕晶晶于2013年共同创立。作为一个以美妆、时尚和生活方式为主题的平台,小红书的用户可以通

图 1-6　拼多多登录界面(图片来自网络资源)

过阅读他人的笔记,发现并购买适合自己的商品。其独特之处在于,小红书将购买行为与用户生成的内容相结合,为用户提供了一种有趣、互动和个性化的购物体验。

小红书的用户主要以年轻女性为主,这些用户在小红书上分享自己的购物心得、使用心得、穿搭心得等,也可以购买他人分享的商品。此外,小红书也为用户提供了个性化的推荐服务,通过算法分析用户的行为和兴趣,为用户推荐适合他们的商品和内容。

小红书提供了商家入驻和营销服务,商家可以通过小红书来推广自己的品牌和商品,向用户展示自己的产品,并与用户进行互动(见图 1-7)。

1.2.4　视频类平台

随着移动互联网时代的来临,消费者对互联网内容和社交消费的需求不断增加。传统的文字和图片形式已经不能完全满足当下用户的期待,而视频媒体逐渐成为主流,尤其是短视频。这种趋势反映了用户对更生动、直观、丰富的信息传递方式的追求,同时也推动了互联网内容形式的多样化和创新。

国内常见的视频平台有优酷网、爱奇艺、腾讯视频、哔哩哔哩(bilibili)等,下面我们简单介绍一下这类平台。

1. 爱奇艺

爱奇艺成立于 2010 年,起初是搜狐视频的一部分,2011 年独立成为爱奇艺,2013 年上市。2014 年起,爱奇艺开始积极拓展内容版权,与多家制片公司和电视台合作,引入大量正版授权资源,包括国内外电影、电视剧、综艺等。2016 年,为了提升内容独创性,爱奇艺加大

图 1-7　小红书登录界面（图片来自网络资源）

了自制内容的投入，推出了一系列备受欢迎的自制剧和综艺节目。2017年，爱奇艺推出了 VIP 会员服务，提供会员专属权益，如提前观看、无广告等，以增加用户黏性。通过推动 VR 技术创新，爱奇艺成为中国领先的在线视频平台。

爱奇艺的内容生态非常丰富，包括独家自制剧集、综艺节目、电影、动漫、纪录片等多种类型。通过与各大制作公司的合作和自主创作，爱奇艺形成了独特的内容阵容，用户可以通过爱奇艺平台观看各种热门影视作品。同时，爱奇艺还注重用户互动，提供评论、点赞等社交功能，形成了一个综合性的内容生态（见图 1-8）。

图 1-8　爱奇艺登录界面（图片来自网络资源）

2. 哔哩哔哩

哔哩哔哩是一个以内容丰富、互动性强为特点的视频分享平台,主要面向年轻人群体,为用户提供了一个创作、分享、互动的社区。它成立于 2009 年 6 月,最初以 ACG(动漫、漫画、游戏)为主题,后来逐步扩展至科技、生活、娱乐等领域。其用户主要为 90 后和 00 后,平台涵盖了丰富多样的视频内容,包括动画、电影、电视剧、综艺、游戏、搞笑、美食等。除了内容创作和分享外,哔哩哔哩也是一个社交平台,用户可在其中互动、评论、点赞、分享,建立关注关系,形成庞大的社区。同时,哔哩哔哩还提供直播功能,用户可在平台上进行生活、游戏等内容的直播,并与粉丝互动。商业模式主要包括广告和会员制度,广告是主要的收入来源;会员制度则提供付费服务,享受无广告观看、高清视频、会员专属活动等特权和服务(见图1-9)。

图 1-9 Bilibili 登录界面(图片来自网络资源)

1.2.5 短视频平台

根据中国互联网络信息中心(CNNIC)发布的第 52 次《中国互联网络发展状况统计报告》,截至 2023 年 6 月,我国网民规模达到 10.79 亿人,互联网普及率达到 76.4%。同时,我国短视频用户规模也达到了 10.26 亿人,使用率高达 95.2%。近些年来,国内的短视频平台快速发展,呈现出百花齐放的盛景。其中,抖音、快手、秒拍、美拍等主要平台竞相推出创新功能,为用户提供丰富多样的短视频内容,涵盖了搞笑、美食、教育、生活等多个领域。这种丰富多样的内容为用户提供了更多的选择,同时也增强了平台间的竞争力。

抖音是一款由字节跳动公司推出的短视频社交应用程序,于 2016 年 9 月正式上线,迄今为止已成为全球短视频社交平台的代表之一。用户可以通过创作、分享和观看 15 秒至 3 分钟的短视频,内容涵盖了搞笑、美食、旅行、时尚、音乐、舞蹈等各个领域。通过音乐、滤镜、特效等功能,用户可以制作个性化的短视频,并与其他用户进行互动、评论、点赞、分享。抖音的主要用户群体是年轻人,尤其是 90 后和 00 后,抖音成为他们表达自我、展示自我、认识新朋友、了解世界的重要平台。同时,抖音也是一个商业化的平台,商家可以在上面推销产品、推广品牌,用户则可以通过抖音购买感兴趣的商品。抖音还提供直播功能,用户可以在平台上展示自己的生活。总的来说,抖音是一款内容丰富、互动性强的短视频社交应用程序,主要面向年轻群体,为用户提供创作、分享、互动的社交体验(见图1-10)。

图1-10　抖音登录界面(图片来自网络资源)

1.3　如何成为一个合格的新媒体人

　　新媒体以其飞速发展的势头成为当代信息传播的重要形式。得益于技术创新、广泛用户参与和多元化内容创作,新媒体平台如社交媒体、短视频、博客等快速崛起,构建起庞大的数字生态系统。用户通过智能设备随时随地获取信息、分享观点,社交化传播的特点使信息迅速扩散。同时,新媒体的商业模式和广告投入的不断加强也为其持续发展提供了动力。这一新时代的媒体形态在不断刷新着信息传播的速度和方式,塑造着全球信息流动的格局。

　　想成为一名合格的新媒体人,不断成长是至关重要的。随着新媒体领域的不断变化和发展,新媒体人需要不断提升自己的专业素养,以适应行业的要求。

　　持续学习新技能:随着科技的不断发展,新媒体人需要保持对新技术和工具的敏感性。这包括但不限于内容创作软件、社交媒体管理工具、数据分析工具等。只有通过不断学习,才可以保持在新媒体领域的竞争力。

　　紧跟行业趋势:新媒体行业发展迅速,了解最新的趋势和发展是至关重要的。这有助于新媒体人调整策略,更好地满足用户需求,并在内容创作方向上保持敏锐性。

　　建立个人品牌:个人品牌在新媒体领域非常重要。通过输出高质量、有价值的内容,新媒体人可以树立自己在特定领域的专业形象,提高个人知名度和信誉度。

　　拓展社交网络:积极参与业内活动和社群,与同行建立联系,有助于获取行业信息、分享经验,甚至可能带来合作机会。建立广泛的社交网络对于新媒体人来说是非常有益的。

　　适应多平台:新媒体覆盖多种平台,包括社交媒体、短视频、博客等。它具备在不同平台上灵活运用的能力,有助于扩大受众和影响力。

　　保持创意思维:创意和独特性是新媒体吸引力的关键。不断保持创意思维,挖掘新颖有趣的内容创意,可以吸引更多人们的关注和互动。

　　数据驱动决策:运用数据分析工具深入了解受众行为和内容表现,以数据为依据做出优化决策,有助于提高工作效率和成果。

建立专业态度:保持对行业的敬畏之心,积极应对挑战,保持良好的职业操守和工作态度,是成为一名成功的新媒体从业者的关键。

总体而言,不断成长不仅是适应新媒体行业发展的需要,也是保持竞争力和持续创新的关键。

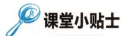

打败口香糖的是……

曾经被我们视为"凑单救星"的口香糖销量数年居高不下。但有关数据显示,近两年中国口香糖销量竟然掉了30%。而别以为这只是中国的"口香糖末年",早在2008年,美国口香糖销售也开始走下坡路,一直跌跌撞撞,到2016年,跌了整整15%。口香糖曾经是我们排队结账时的好伙伴——凑单的利器,因为它是很多人放在嘴里打发时间的一个好方式。

你猜猜是谁打败了这个小小的口香糖?不是其他糖果品类,更不是什么时髦的健康零食,竟然是我们时刻都离不开的手机中的一个App——微信。现在有了微信支付,为了凑单免除找零买一条口香糖的事情再也不会发生了。结账时也不再是无聊地等待,拿出手机,等待结账的碎片时间可以变得有趣起来。所以,如今口香糖售卖成了一项"艰巨任务"。

口香糖销售的下滑提醒新媒体人要不断学习、适应变化,并保持敏锐的洞察力和创新思维,以更好地状态应对未来的挑战。因为在快速变化的数字时代,停滞就意味着被淘汰。

第 2 章　新媒体内容定位

想象一下,当你走进一家咖啡馆,一杯热腾腾的咖啡放在桌上,你拿起手机,开始浏览社交媒体。你的朋友刚分享了一段搞笑的视频给你,点开观看时你忍不住笑了出来。然后,你看到一篇关于最新科技趋势的文章,又不禁被里面详细介绍的人工智能的应用场景所吸引。接着,你刷到一条朋友圈更新,里面有你感兴趣的美食推荐,你立刻点开查看,发现这家店就在你旁边不远处。如今这一切都发生在你的指尖,你不需要走出家门就能体验到来自世界各地的信息和内容,这就是新媒体的魅力所在。它不仅让我们更加方便地获取信息,还为我们提供了更多的可能性。

众所周知,传播方式直接塑造了新媒体内容的创作方式。总体而言,传播方式不仅是内容传递信息的渠道,也是指导内容创作的灵感源泉。在社交媒体平台上,内容通常需要简洁、生动,并注重分享性,以迎合用户短时间内的注意力和互动需求。这可能包括引人入胜的图文和创意设计。相反,在内容为主的平台上,创作更侧重于深度阐述,包含更详细的信息和见解,文案可能更注重段落的排版和结构。在内容创作之前,明确内容的方向是关键的一步。作者应根据所选传播方式的特点调整写作策略,以确保内容更符合受众阅读习惯、平台规律,并能达到最大化的传播效果。所以在新媒体时代,当内容的方向确定后,内容定位成为确保成功传播的重要步骤。在本章中,我们将探讨如何正确地定位自己的内容,吸引目标受众,实现内容的传播与价值的最大化。

2.1　明晰方向,市场调研需找准内容方向

市场调研为内容创作者提供灵感和数据支持,助力创作出更贴近受众、更有效传递信息的内容。

2.1.1　什么是市场调研

市场调研就像对市场进行一次详细的探查,目的是了解市场的情况,弄清楚目前发生了什么、未来可能会发生什么,以及人们想要什么。这个过程就像是揭开市场的神秘面纱,告诉我们如何做、做什么才能在竞争激烈的商业世界中站稳脚跟。

为了做市场调研,研究者会采用各种方法,比如问卷调查、访谈、观察,还会分析各种各样的数据。这些数据涉及市场的方方面面,包括有哪些竞争对手、市场规模有多大、人们喜欢什么、未来发展的趋势等。

第 2 章　新媒体内容定位

通过了解这些内容，我们就能够更好地帮助企业或组织制定战略，比如怎么样推广产品，怎么样满足顾客的需求，以及如何在激烈的竞争中脱颖而出。市场调研就是给企业提供一幅"市场地图"，让它们更好地了解前方的路况，从而更明智地做出决策。

你做过市场调研吗？

想象一下，你是一位创业者，计划推出一款全新的智能手表。在进行市场调研之前，你可能会先思考关于手表的哪些问题？

究竟是什么类型的人更喜欢使用智能手表？

他们对于手表的功能和外观有着怎样的期待？

竞争市场上有哪些成功和失败的案例？

要解决这些问题，需要进行市场调研，你可以进行深入的用户群体分析，发现大学生可能更看重时尚和社交功能，而商务人士可能更注重日常办公和健康监测。你还可以通过调查了解他们的购买决策过程和购物偏好，比如是更倾向于线上购买还是线下体验。这些数据的采集和分析，让你能够更准确地把握市场的需求和趋势。

进一步，你可能会发现成功产品在设计上的独特之处，以及市场上失败产品的共同问题。这种深入了解市场的过程，有助于你更有针对性地开发和定位你的智能手表，以满足目标受众的期望，提高产品的市场竞争力。这就是市场调研的力量，它不仅是数据的收集，更是对市场脉搏的敏感洞察，为创业者提供了前进的方向。

2.1.2　市场调研的目的

市场调研在新媒体内容创作方面同样扮演着关键角色，当我们在进行市场调研的时候，最主要的目的是了解我们的目标受众。了解目标受众的需求、喜好和行为习惯，能够帮助我们制定更加精准的内容定位策略。这样我们就可以根据受众的兴趣和需求，制定更好的内容策略，提高内容的质量和吸引力，实现内容传播的最大化价值。通过市场调研，我们可以了解到哪些内容受到受众的欢迎，哪些内容受众不感兴趣，从而为我们提供宝贵的指导，帮助我们制定更好的内容策略，提高内容的质量和吸引力，实现内容传播的最大化价值。

2.1.3　市场调研助力新媒体内容创作

新媒体内容创作是在数字化社会中打造品牌形象、传递信息和引发互动的关键元素。市场调研在这一过程中扮演着关键角色，它就像新媒体内容创作者创作过程中精确的导航仪，在数字大海中为其指引方向。它主要包括优化内容策略、解决互动问题和挖掘新的创意机会。

首先，市场调研能优化内容策略。通过深入了解受众的需求和当前市场趋势，新媒体创作者可以更准确地制定内容策略，包括选择何种形式的内容、在哪些平台发布等，以提升内容的吸引力和互动性。市场调研通过深入了解受众口味、新媒体平台的规律，以及把握最新趋势，为内容创作者提供全面的市场信息，告诉创作者在数字世界的哪个角落能找到最有趣的故事，如何引起用户的共鸣，从而确保品牌信息更加生动、更富有感染力，让他们更加接地气地制定有针对性、贴近用户心理的创意。比如说，如果市场调研显示某个新兴社交平台上用户更倾向于轻松幽默的内容，内容创作者可以通过市场调研的数据灵感，创作出更加幽默风趣的内容，迎合受众口味，提高内容在该平台上的曝光度。

其次，市场调研有助于解决互动问题。通过分析调研数据，创作者可以快速识别潜在的互动问题，如受众反馈不足、内容定位不准确等。这有助于创作者调整创作策略，提高互动效果，使内容更贴近受众需求。

最后，市场调研是发现新创意机会的关键。通过了解市场的趋势和受众兴趣，创作者可以发现尚未满足的需求，挖掘新的创意方向，并在竞争中找到新的发展机会。这有助于保持内容的新颖性和吸引力。

总体而言，市场调研在新媒体内容创作中的目标是为创作者提供全面而准确的市场信息，从而在内容策略、互动问题解决和新创意发现中发挥关键作用。

经典案例：雀巢咖啡的成功之道

雀巢在中国已经是家喻户晓的品牌，提起雀巢咖啡，很多人都会想到一句广告词："雀巢咖啡，味道好极了"。这句广告词的得来原因可以追溯到新产品推出的成功，其成功又离不开之前所进行的广泛市场调研。

雀巢咖啡刚进入中国市场时，其市场占有率较低。为此，雀巢公司组织了专门的市场调查组对市场进行了深入调查，调查内容包括消费者的购买意向，消费者对产品价位的接受程度，消费者认为产品存在的问题等众多方面的内容。

通过调查，雀巢公司发现了以下问题：①由于雀巢咖啡走的是高端品牌路线，包装精美、价格昂贵，因而只有极少数高收入人群购买，大多数中低收入者都不知雀巢咖啡为何物；②味道苦涩，品种单一，不能满足更多的消费者需求；③速溶性差、沉淀物较多，花费较大力气仍搅拌不均匀。

基于该调查结果，雀巢公司研发了一款新产品——雀巢速溶咖啡，其速溶性强、口感丝滑、价格便宜、品种较多、包装简便，因而深受广大消费者喜爱。而"雀巢咖啡，味道好极了"这句广告词正是强调了产品的口感特点，通过简单而生动的表达方式，成功地传递了产品的优势，引起了消费者的兴趣和好奇心，进而促使了产品的市场成功。

因此，雀巢咖啡广告词的得来是通过市场调研获得的，以及该产品在市场上取得的巨大成功所推动的。

2.1.4 新媒体内容创作的市场调研方法

当涉及新媒体文案创作的市场调研基础化方法时,可以从以下角度进行更详细的说明。

1. 目标受众分析

文风定位——调查和问卷:利用在线问卷或调查工具,收集目标受众的基本信息,了解其兴趣、需求和购买习惯。通过了解目标受众的年龄、兴趣爱好等,能够确定文案的语调和风格,使其更符合目标受众的口味。

内容个性化——社交媒体分析工具:使用社交媒体后台分析工具(如微信、小红书),深入了解目标受众在不同平台上的行为和互动。根据受众调查结果,能够创作出更贴近目标群体心理的内容,提高受众的共鸣感。

2. 同质内容分析

借鉴经验——内容审查:定期分析竞争对手在新媒体上发布的内容,分析其内容的关键元素、表达方式和引起用户关注的策略。通过竞品分析,内容创作者可以借鉴竞争对手成功的策略,发现受众喜欢的元素。

避免雷区——社交媒体监测:利用社交媒体监测工具,跟踪竞品在社交媒体上的活动,了解他们的互动和用户反馈。分析竞品的失败经验有助于文案创作者避免相同的问题,提高内容质量。

3. 关键词研究

SEO 优化——关键词规划工具:使用工具(如 google keyword planner 或百度指数)找到与产品或服务相关的高搜索量关键词,用于内容的 SEO(search engine optimization,搜索引擎优化)。关键词的研究有助于对内容的搜索引擎优化,提高其在搜索结果中的曝光度。

时事敏感度——关注社交媒体趋势:关注社交媒体平台上的热门话题和标签,结合关键词研究,把握用户关注的热点。关注趋势和热点话题,使内容更具时事性和社会敏感度。

4. 用户调查和反馈

用户导向——在线投票和调查:在社交媒体或网站上进行简短的投票或调查,了解用户对特定主题或产品的看法。用户调查和反馈为创作者提供直接的用户意见,帮助调整内容以满足受众需求。

创意灵感——用户评论分析:分析目标受众在社交媒体、网站上的评论,汲取他们的观点和反馈。用户反馈中的痛点和期望可为创作者提供新的创意灵感,从而提升内容创新性。

5. 用户行为分析

内容优化,有效传达——网站和社交媒体分析工具:利用社交媒体分析工具,深入了解用户在网站和社交媒体上的行为,包括点击、分享、评论等。通过分析用户在社交媒体和网站上的行为,创作者可以优化内容,提高用户的互动和分享率。了解用户行为可帮助创作者精准定位目标受众,确保内容产品更有效地传达信息。

6. 社群观察

社群参与——社交媒体群体：积极参与目标受众参与度高的社交媒体群体，观察他们的讨论话题，获取即时的用户反馈和见解。参与社群互动有助于了解用户讨论的话题，从而创作出更具参与感的内容。

7. 趋势分析

创新实效——行业报告和趋势分析：阅读行业报告，关注行业趋势分析，了解目标受众可能受到的新兴趋势和变化，以更好地预测其需求。关注行业动态和热点有助于内容创作者在创作中融入最新趋势，保持创意的新颖性，及时掌握行业动态，使内容更具时效性和引导性。

在"互联网＋"的背景下，市场调研方法也进行着迭代。有效快速的市场调研方法为新媒体内容创作与发布者提供了实用的工具，以确保更符合目标受众的期望、更具有吸引力，并更好地适应市场变化。

市场调研过程如下。

（1）确定调研目标：通过社交媒体群体观察了解目标受众的讨论和话题，以获取用户的实时反馈。

（2）选择社交媒体平台：选择目标受众常用的社交媒体平台，如微信、微博、小红书等。

（3）创建社交媒体账号：创建适当的社交媒体账号，并完善个人或品牌信息。

（4）寻找目标受众群体：在选定的社交媒体平台上寻找与产品或服务相关的群体，如论坛、社交群等。

（5）加入目标受众群体：提交加入请求或关注群体，并等待批准或许可。

（6）观察讨论的话题：主动参与目标受众群体的讨论，了解他们的话题、问题和关注点。观察成员之间的互动，注意热门讨论和引起关注的话题。

（7）记录用户实时反馈：记录成员的评论、反馈和提问，特别关注他们对产品或服务的看法和期望。

（8）参与话题讨论：主动参与一些话题讨论，提供有价值的见解，以建立与目标受众的互动关系。

（9）定期总结观察结果：定期总结观察到的用户反馈和群体讨论，整理出关键见解和产品的发展趋势。

（10）调整营销策略：根据观察结果，调整产品或服务的营销策略，确保更符合目标受众的期望。

（11）与群体建立长期互动：持续参与社交媒体群体的讨论，建立长期的互动关系，使目标受众更了解品牌或产品。

通过这个调研过程，我们能系统地参与社交媒体群体的讨论，观察他们的互动并及时获取用户实时反馈，为内容的定位和创作提供有力支持。

2.2 精准需求,做好内容定位

精准内容,需要我们对用户的需求有一个明确的定位,才能为后续的运营打下坚实的基础。市场调研为新媒体内容的精准定位提供了必要的基础,使得内容能够更有效地满足目标受众的需求。

只有通过深入的市场调研,我们才能更全面地了解受众的兴趣、偏好和期望,从而为内容创造提供有针对性的方向。接下来,我们需要通过巧妙运用文字、图像和情感等精准内容,引导受众走向所期望的方向,促使他们产生共鸣、记住内容,并最终成为账号忠实的支持者。

2.2.1 用户需求

在新媒体内容创作中,确立明确的目标用户是不可或缺的一环。真正的内容研究应该建立在用户为中心的逻辑上,所以先要深入了解平台所瞄准的受众是谁,以及这些受众的独特特质。关于平台用户特性,可以细分为:属性分类(用户分类的基础,如性别、年龄、地域等)和行为特性(用户的动态特征,如喜欢音乐还是电影,喜欢运动还是阅读)。

在了解了用户特征的基础上,接下来要做的是怎么满足用户需求,我们一般分为两个步骤。

1. 数据分析

通过市场调研等多种手段,我们可以搜集和整理新媒体平台上的用户数据。接着,我们将这些数据与用户的性别、年龄、地域、文化水平、使用终端等属性相关联,形成一张详细的用户图谱(见图2-1)。这个过程使我们能够更清晰地了解用户的基本属性特征。

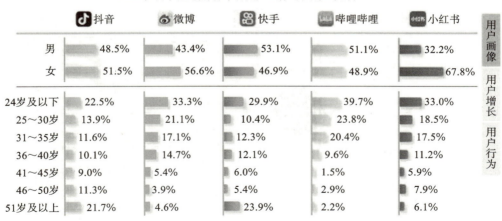

图 2-1 用户画像图谱示例(图片来自网络资源)

获取了用户的基本数据和属性特征后,我们将进一步对其进行分类和标注。通过对用户的属性和行为进行详细分类,我们能够推断出他们可能的购买倾向,以及在平台上的活跃程度等方面的特征。这样的标注过程有助于我们更精准地描绘用户画像,使我们能够更好地了解和满足用户的需求。

2. 用户画像

用户画像的形成是一个系统性的过程。收集好数据(用户的基本信息、行为数据)后,通过详细分类和属性标注,可描绘用户的特征和可能的行为倾向。这个过程类似通过综合用户的属性和特征,形成了一个全面的用户画像。这一画像用最浅显和最直观的话语将用户属性、行为与产品的属性自然地联结起来。当然随着时间的推移,用户画像需要定期更新,以保持其准确性和时效性。通过这一过程,平台能够更好地满足用户需求,提升用户体验(见图 2-2 和图 2-3)。

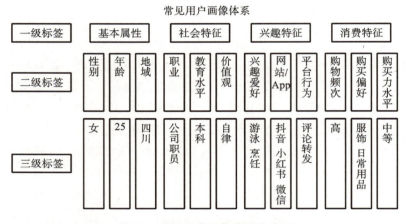

图 2-2 常见用户画像体系示意图

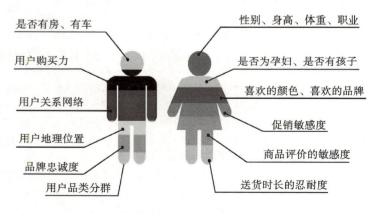

图 2-3 京东用户画像示例图(图片资源来自网络)

"personal"构建起用户画像体系

如果将"personal"中的每个字母分别代表用户画像的一个要素,可以按照以下方式解释。

P(personal information,个人信息):性别、年龄、地域等基本的个人身份信息。

E(educational background,教育背景):用户的教育水平。

R(interests and hobbies,兴趣爱好):用户的兴趣爱好、喜好和消费习惯。

S(social networks,社交网络):用户使用何种App/网站及活跃程度、关系网。

O(occupation and work,职业和工作):用户的职业、行业和工作岗位。

N(behavioral traits,行为特征):包括用户在平台上的行为,如点击、浏览、购买等。

A(values and beliefs,价值观和信仰):描述用户的价值观、信仰和态度。

L(consumer behavior,消费习惯):用户的购物偏好、消费水平和购买频次。

通过这种方式,"personal"字母代表的每个要素都涵盖了用户画像的不同方面,从而形成一个更全面的用户理解。这样的用户画像有助于创作者更好地定制产品、服务和内容,提高用户体验。

2.2.2 内容定位

内容定位是指在新媒体平台上为目标受众提供清晰而具体的信息,以满足他们的需求和兴趣。

内容定位的流程通常包括以下几个步骤。

(1)目标用户分析:分析目标用户的基本特征,如年龄、性别、地域、职业等;了解目标用户的兴趣和需求,比如他们喜欢什么样的内容,关注哪些话题等。

(2)内容主题确定:根据目标用户的分析结果,确定适合他们的内容主题;可以通过调查问卷、用户访谈等方式了解用户的需求,确定他们感兴趣的内容。

(3)内容形式选择:根据内容主题和目标用户的喜好,选择适合的内容形式,如文章、视频、图片等;考虑用户在新媒体平台上的行为习惯,选择适合他们的内容形式。

(4)内容风格定位:根据目标用户的分析结果,确定内容的风格,如正式、幽默、温情等;考虑用户的语言习惯和文化背景,确定内容的风格,使其更贴近用户。

(5)内容发布策略制定:根据目标用户的行为习惯和使用习惯,制定内容的发布策略,如发布频率、发布时间等;考虑用户在新媒体平台上的使用情况,选择适合的发布时间,吸引用户的注意力(见图 2-4)。

(6)内容测试和优化:在正式发布内容之前,可以进行一些内容测试,观察用户反馈和数据分析结果;根据测试结果,优化内容策略,使内容更符合用户的需求和兴趣。

(7)内容监测和反馈:在正式发布内容之后,持续监测用户反馈和数据分析结果,了解用

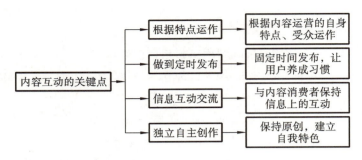

图 2-4 内容发布的策略

户对内容的反应和互动情况;根据反馈结果,调整内容定位和发布策略,提高内容的质量和效果。

(8)持续改进和优化:随着时间推移,持续改进内容定位和发布策略,以满足用户的需求和提高用户体验;随着市场和用户的变化,不断调整内容定位和发布策略,保持竞争优势。

2.3 确定方向,做好账号定位

新媒体内容定位不仅是针对内容本身的定位,还包括对账号的定位。因为账号是内容传播的载体,内容的有效传播和受众吸引需要建立在账号的稳定和有吸引力的基础上。对账号进行定位可以提高传播效果,增加粉丝和用户的黏性,加强用户与账号的互动,从而提升新媒体平台的影响力和品牌价值。

账号定位是通过一系列措施为自媒体账号贴上独特标签,从而在大众中建立特定印象。通过创作特定类型的内容,如发送搞笑、幽默的内容或分享电影、服饰推荐,账号在用户心中留下特定的印象。在这一过程中,创作者通过内容风格、主题选择,以及形象元素的运用,为账号贴上独特的标签,加深用户对账号的印象,进而吸引特定受众。

1. 选择内容领域

在选择自媒体领域时,创作者不仅要考虑个人专业背景和兴趣,更要从未来的运营角度出发,充分了解所选领域的市场需求和竞争情况,确保该领域既能展现个人专长,又能吸引目标受众。关注自己的热情和坚持力,选择一个既感兴趣且能长期投入的领域,因为持续发布内容需要耐心和坚持。最重要的是,创作者还需深入了解目标受众的需求和兴趣,找到满足受众需求的平衡点。最后,创作者需要选择一个具有潜力和发展前景的领域,确保在未来能够持续吸引受众并脱颖而出。这样的全面考虑将有助于建立自媒体品牌形象,实现内容创作的长期坚持。

2. 账号目的定位

新媒体账号的目的定位指的是运营该账号的主要目标或意图。这一定位是在账号创建或运营初期就需要明确的,以指导后续的内容策略、互动方式和发展方向。当需要明确新媒体账号的目的定位时,我们可以更具体地考虑以下几个方面。

(1)品牌推广:如果目的是推广品牌,其重点可能在于展示品牌特色、提升品牌知名度,通过各种形式的内容传递品牌形象。

(2)产品推广:针对推广特定产品,其目标可能是增加产品曝光、提高销售量,通过创意的内容呈现产品特性,从而吸引目标消费者。

(3)个人影响力建设:对于个人自媒体,如果希望建设个人品牌、增加个人影响力,这需要注重展示个人专业领域的专长、经验、观点等。

(4)社群运营:如果目的是建设社群,则需要注重用户互动、社群氛围的营造,通过活动、话题引导用户参与,形成良好的社交环境。

(5)广告变现:以商业变现为目的,则需要吸引广告商,提供合作机会,同时保持受众对广告内容的接受度。

(6)专业领域专注:对于专业领域自媒体,其目标可能是成为该领域的权威,提供有深度的专业内容,吸引相关领域的专业人士和爱好者。

(7)个人生活分享:以个人日常生活分享为目的,则注重真实性和生活化,通过分享日常经历、感悟,拉近与粉丝的距离。

总体而言,目的定位应该紧密结合账号的内容类型、目标受众和个人或品牌的发展需求。在明确目的定位的基础上,制定相应的策略和计划,有助于账号更有针对性地运营,实现设定的目标。

3. 账号内容特色

账号的内容特色体现在文风和人设方面。在文风方面,账号选择的语言风格、内容深度、创意表达和情感表达,应确保与目标受众契合。在人设方面,账号应明确角色定位,精心打造形象,通过与受众互动建立亲近关系,并保持一致性。通过这些独特特色,账号能够在竞争激烈的自媒体领域中脱颖而出,吸引更多关注和互动。

4. 选择平台,差异分析

根据自身条件的差异,选择不同优势和特点的平台发布账号是发展中至关重要的一步。选择账号发布平台首先要针对平台类型进行分析,一般来说,平台可以分为有影响力及有特色的平台类型,大致明确各类型平台的优势,初步确定账号平台方向(见图2-5)。

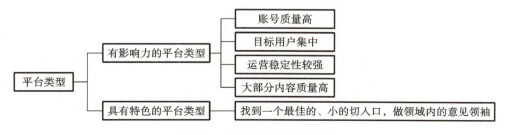

图2-5 账号平台初步分析图

其次,账号的设计需要明确新媒体各平台风格,其具体描述如表2-1所示。

表 2-1　新媒体平台风格特征

风格	描述	案例
简约清晰	简洁、清晰、易读易懂的设计,注重排版和图形设计,使用户能够迅速理解和吸收信息	虎嗅网(科技资讯网站):网站主色调是黑灰色搭配少量点缀的蓝色,内容页没有多余的广告,其两侧干干净净,易让人专注阅读,突出网站对内容、对作者的重视,对内容的质量和门槛都相对较高;网站的色彩能传递出它明显的风格
时尚艺术	强调创意和艺术性,采用时尚的设计元素,可能包括独特的配色方案、艺术风格的插图	小红书(社交分享平台):以时尚的界面设计、滤镜效果和视觉内容为特色,吸引年轻用户分享生活瞬间
幽默风趣	以轻松、幽默、风趣的语言和图像为主,旨在引发用户笑声或轻松愉快的情绪	糗事百科(娱乐搞笑平台):以网友真实糗事为主题的笑话网站,话题轻松休闲,并且用户可以左右热度排名
专业严肃	以专业、严肃、权威为特点,采用正式的语言和大气的设计,适用于提供专业知识和深度信息的平台	知乎(知识评论平台):以正式的语言和深度分析见长,呈现多个领域的专业知识
社交活跃	强调社交互动,采用鲜艳的颜色、引人注目的图标和按钮设计,以及社交分享等功能,吸引用户积极参与	微信(社交网络平台):以绿色为主色调,强调社交互动功能,用户可以轻松分享、评论和点赞
个性化风格	基于平台的独特定位和品牌形象,形成个性化的风格,使用户能够一眼辨认出该平台的独特性	今日头条(社交新闻平台):除了标题,今日头条的文章往往追求简明扼要、图文并茂的表达方式,力求让读者在短时间内获取所需信息,产生共鸣

最后,在定位平台、选择平台的同时,创作者还应该对平台的自定义菜单进行相应的规划,以便用户清楚"平台有什么"。对自定义菜单进行规划,究其本质,就是对内容功能进行

规划,可以从目标用户群体维度、用户使用场景维度、用户各项需求维度、平台所具有的特性维度等四个维度进行思考和安排。

需要强调的是,只有在确立了清晰的平台定位和风格后,才能制定有针对性的用户运营和内容运营策略,最终推动账号内容更加迅速、广泛地传播。因此,在这个过程中,创作者对平台的定位和自定义菜单的规划都应当谨慎对待,以确保整体策略的协调和成功实施。

2.4 助力平台账号,巧取新名

新媒体创作者要想进行内容的推广运营,那么一定不能避免一个问题,就是如何给自己的平台账号取一个合适的名称。合适的名称将会给内容的推广带来很多便利(见图2-6)。

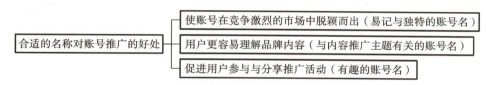

图 2-6 合适的名称对账号推广的好处

那么,如何才能够给自己的平台账号取一个合适的名称,为之后的内容发布传播打下良好的基础呢?本小节将通过命名技巧和注意事项为大家介绍经验。

1. 命名技巧

新媒体账号的名字很重要,因为它决定了留给用户的第一印象。一个好的名字让人过目不忘,甚至带来更多的用户的关注。下面我们来看几种最常见的取名方法,如表2-2所示。

表 2-2 常见的取名方法

方法	描述	示例
直接法	直接使用关键词或与内容相关的词汇作为账号名。这样辨识度高,借助品牌易于传播和搜索	"中国电信""新华社"
提问法	从用户角度出发,提出一个展现自身能够提供的服务的问题作为账号名,以引起用户兴趣	"今晚看啥"
创意组合法	将关键词、行业术语或主题与创意进行巧妙地组合,创造一个独特而有趣的名字	"创意文案坞"
区域名	取名的时候突出名称的区域性,其好处就是快速、精准定位本地用户	成都周边游、长沙吃喝玩乐
企业+领域法	这种取名方式既能体现企业效应,又能精准定位目标用户	美团外卖、百度电影

续表

方法	描述	示例
行业名＋用途	常用于知名度不高的企业平台和个人,通过直接展示行业名来定位用户,用其用途吸引用户	"法务在线""戏剧演出票"

2. 取名注意事项

在新媒体账号命名过程中,需要避免一些雷区,以确保名字的合法性、品牌形象的积极性和用户的接受度。以下是一些不可踩的取名雷区,如表2-3所示。

表2-3 取名雷区

雷区	描述
侵犯他人权益	避免使用已注册的商标、品牌名称或其他已注册的知识产权
敏感主题	避免使用具有负面或敏感含义的词汇,特别是与敏感主题相关的词汇
过度夸张	避免使用夸张或虚假的宣传,以免损害品牌信任
过度个人化	不要将账号名过度个人化,以免在团队变动时对品牌产生负面影响
违反平台规定	遵循每个社交媒体平台的规定,确保账号名不违反平台政策
难以拼写	避免使用过于复杂或难以拼写的词汇,以确保用户能轻松记住
地域敏感	避免使用可能引起地域敏感性的名称,以免在不同地区产生不适当解读
时效性问题	避免使用带时效性的词汇或流行语,以免在时效过去后账号显得过时
冗长复杂	避免选择过长或复杂的名字,确保名字简单明了,易于传达和记忆
与竞争对手相似	避免选择与竞争对手相似的账号名,以确保品牌的独特性

 课堂小贴士

用户接触新媒体账号首先注意到的是其名称,想要在第一时间引起用户注意就得制造关联,让用户有种"这个号就是为我量身打造"的感觉。

案例1:谈心社。

"杂家MisC"是一个专注于亚文化和人物领域的公众号,尽管拥有较高的用户黏性,但由于其选题范围较窄,难以触及更广泛的受众。为了打破这个瓶颈,他们进行了一次成功的品牌转型,将公众号更名为"谈心社"。

这个全新的名称不仅在情感上更贴近用户,也明确了账号的定位。通过将"谈心"二字融入名称,他们成功传达了这是一个与读者建立情感连接的平台。其新的标语——"这是20多岁年轻人谈心的地方",更加强调了账号的情感定位,进一步引导读者对内容的期待。

这次品牌转型产生了显著的效果,整体阅读量有了提升。通过制造关联,让用户感受到这个账号是为他们量身打造的,成功地打入了年轻群体市场。这个案例凸显了如何通过精准的情感定位和品牌命名,让用户在第一时间产生亲近感,从而提升品牌的可感知性和用户吸引力。

案例2:十点读书。

超级大号"十点读书"原名为"每日好书推荐",它通过成功改名实现了粉丝数的暴涨。旧名称存在一些问题,如名称较长、缺乏独特性,而新名称"十点读书"则更加简洁明了,降低了用户的记忆成本。

选择"十点"二字不仅有助于培养用户的阅读习惯,也为读者创造了一个期待好书推荐的固定时间点。同时,"读书"的使用频率远高于"好书",这增加了被用户搜索的概率。事实上,在微信中搜索"读书"后,"十点读书"排在榜首,进一步提高了该公众号的可见度。

这个案例突出了品牌命名对于提高品牌知名度和用户吸引力的重要性,通过简洁而有特色的名称,成功创造了一个容易记忆且与用户阅读习惯相关联的品牌形象。

案例3:妈妈手册。

同样,"妈妈手册"(原名"每天学点育儿知识")在品牌转型中实现了成功。相对于"育儿"来说,"妈妈"二字使用更广泛,具有更大的搜索概率。品牌更名后,该公众号单篇阅读量涨幅最高达40万。

这个案例凸显了品牌命名的影响力。通过选择更广泛、更具有亲和力的名称,公众号成功地拓展了目标受众,使得更多的妈妈们感到与内容相关性更强。这种品牌命名的调整不仅提高了用户搜索概率,也为公众号带来了更高的曝光度和阅读量。

没有目标的努力很可能是白费力气。只有确立了目标,并将目标付之于行动才更容易成功。新媒体内容创作之前新媒体人就应该知道自己最终的目标是什么,这样才能够有努力坚持下去的信念。

第 3 章　新媒体内容选题策划

在新媒体时代,我们身处信息爆炸的海洋,每天都要面对大量新闻、观点和内容。在这种情况下,如何在快速变化的潮流中找到独具特色的选题成为每位新媒体编辑必须面对的挑战。新媒体内容选题策划在运营中扮演着至关重要的角色。如果缺乏清晰明确的策划,就很容易迷失在内容创作的迷雾中,无法找到正确的方向,也难以策划出引人瞩目的选题。即使热点出现时,我们也可能陷入困境,不知道是否应该追随,以及如何追随。相比之下,选题策划是根据内容定位,从各种可能的选题中挑选出最具特色和价值的选题。因此,内容定位是选题策划的基础,而选题策划则是内容定位的执行和落实。拥有明确的内容选题就像给予账号运营一个明确的引导,能够帮助他们思考前进的方向和方法。好的内容选题的目的在于确保持续提供有价值、符合预期的高质量内容。

3.1　内容选题策划的含义及要素

3.1.1　内容选题策划的概念

"策划"中"策"常常指的是策略(strategy),是一种为达成特定目标而采取的计划或方案。"划"就是指规定一些具体的计划或方案。"策划"结合了这两个概念,指的是在某个领域或特定情景中,制定并执行一系列的策略、计划或方案,以达到预定的目标。

内容选题策划是在进行广告、宣传、市场传播等活动前,经过系统思考和计划,确定要关注和表达的主题或话题的过程。这个过程确保选定的主题具有吸引力、合适且能够引起目标受众兴趣。选题策划的目的是制定一系列有针对性、富有创意的图文或者其他活动形式,以有效地传递信息、推广品牌、提高关注度或实现其他预期目标。

一个完整的选题策划应该包括以下四大要素。

(1)目标明确:首先需要明确内容具体的预期目标,明确的目标有助于指导选题的选择和内容的撰写,确保与整体营销策略一致。例如,提高品牌在新媒体上的曝光度、推广新产品,或者塑造特定的品牌形象。

(2)目标受众的了解与扩展:在深入分析目标受众,了解他们在新媒体平台上的兴趣、需求、价值观等的基础上(在新媒体时代,考虑到受众的多样性和互动性显得尤为重要),确定一个既能引起受众兴趣,又能与他们产生共鸣的选题。

(3)内容方案设计:制定内容的具体实施方案,包括内容结构、多媒体素材的准备、传播渠道的选择等。其方案的设计需要确保选题与目标受众、品牌形象等相匹配,并考虑新媒体平台的特性,以更好地吸引观众。

(4)效果评估:在内容实施后,通过监测数据、分析互动情况等手段,对内容的效果进行评估。这有助于了解内容是否达到了预期的目标,为后续内容策划提供经验教训。在新媒体中,数据分析尤为重要,可以帮助优化未来的选题和内容创作策略。

新媒体内容选题策划的成功与否直接关系到后续内容实施的效果的好坏。因此,我们需要在策划阶段精心设计,确保选题与目标契合,内容能够引起受众的关注和共鸣,同时充分利用新媒体平台的优势。

3.1.2　内容选题策划的重要性

引起目标兴趣,提高账号知名度:选题直接决定了内容的话题。一个吸引人、新颖有趣的选题更容易引起目标受众的兴趣,使其愿意花时间阅读、观看或参与,并有可能在社交媒体上引发分享和讨论。这有助于扩大账号的影响范围,提高品牌在社交媒体上的曝光度。

强化品牌形象,传递核心信息:选题与品牌形象密切相关。一个合适的选题能够有效地传达产品或服务的核心信息,帮助受众更好地理解品牌的核心价值,可以在目标受众心中建立品牌形象,提高用户认知度和忠诚度。

符合市场潮流,提高传播效果:通过深入市场调研后的内容定位,选择符合当前潮流和受众兴趣的选题,可以使账号内容更具时效性,更容易在竞争激烈的市场中脱颖而出,并提高内容的点击率和转化率。

总体来说,内容选题策划直接关系到整个文案活动的质量和效果。一个巧妙选择的选题将使文案更具创意、吸引人,并在受众中留下深刻印象。因此,在内容制定之前,进行仔细的选题策划是非常重要的。

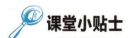

策划＝计划?

当我们谈到策划和计划时,可以想象一下我们今年的假期旅行?

策划:想象一下你站在地图前,注视着整个旅程的大局。你思考着要去的目的地,选择最佳的路线,考虑可能的挑战和机会。这就是策划,是对未来冒险的高层次思考和规划。

你可能会思考:"我们要去哪里? 为什么要去那里? 怎样才能最有效地到达那里?"这些问题的回答构成了策划的核心。

计划:一旦你制定了旅程的大致方向,接下来就是具体的计划。这就像你在地图上标注每个城市和停靠点,安排每天的行程,决定需要多长时间才能到达目的地。

计划是策划的具体化,是将大而抽象的目标分解成小而切实可行的任务和步骤。

在这个阶段,你可能会问:"我们需要什么资源? 每一步应该怎么做? 有哪些具体的挑战需要克服?"

内容创新与传播：新媒体文案创作与运营

想象一下，你和一群冒险者一起踏上这场旅程。在策划阶段，你们讨论未来，梦想着远方的景色。然后，在计划阶段，你们开始为旅途中的每一步准备，分工合作，确保每个人都了解自己的任务和责任。

策划是在舒适的房间里思考旅途的全貌，而计划是在大地上踏出每一步的行动。两者相辅相成，确保你们的冒险旅程不仅是一个美好的梦想，更是一个成功的实际探险。

 3.2 选题技巧，轻松破题

如今，那种随便复制粘贴内容就可以吸引并积累大批粉丝的红利期已不再，用户更希望看到有内容、有质量、特别稀缺的内容账号。选题为什么重要呢？因为做好选题，运营就成功了一大半。一个正确的选题，就是一篇内容的导向，就是我们所说的"账号的成功80%都靠选题"。但选题并非易事，许多账号不确定该做什么样的内容，特别是新手可能不知道该从何下手，对内容的偏差也颇感担忧，这是我们共同的苦恼。本节将分析一些选题技巧，希望能给大家带来帮助。

3.2.1 选题标准——寻找有价值的选题

在运营公众号时，面对不确定的方向和内容可能偏离主题的困扰，是一个常见的挑战。为了战胜这一挑战，首先需要明确什么是有价值的内容。有价值的内容是指能够满足用户需求、解决他们问题、提供有趣或实用信息的内容。

那么接下来，下面三个方面的选题标准能帮助我们解决以上三个问题，使得选题内容从根本上具有一定价值。

1. 选题标准一：实用建议，呈现观点干货

在任何行业领域里，都有一群渴望获取实用建议、技能指导和干货内容的人。这类内容不仅能够提供具体的观点，还能为读者提供切实可行的解决方案。无论是希望提高学业成绩、成功获取心仪公司的录用，还是追求更自然的妆容，这些实用建议都是他们迫切需要的。

我们致力于为这一人群提供有深度、有观点且实用性极强的内容。通过分享独到的见解和经验，我们将呈现观点干货，让读者在获取实际技能的同时，更深入地理解相关领域的精髓。

2. 选题标准二：缓解压力，探索情感秘密

在当今社会，面临的社会和家庭压力越来越沉重，尤其随着年龄增长，生活中的实际问题也逐渐增多，这给现代人带来了复杂的情感、心理和心态挑战。这些问题的积累需要一个出口，一个能够化解压力的空间。正因为如此，情感类账号在社交媒体上越来越受欢迎。

调查数据显示，几乎每个人都会关注至少一个情感账号，并且愿意在这个空间里表达自己的情感。这是因为在这些平台上，用户能够找到表达内心真实感受的出口，得到心灵的慰藉，并与相似的群体建立共鸣。

就像搞笑内容一样,情感心态类的内容同样能够帮助人们缓解压力,忘记生活中的不愉快。这种共鸣和情感释放,使得这类内容在社交媒体上变得越来越受欢迎。

3. 选题标准三:热点追逐,解析资讯潮流

在当前信息爆炸的时代,几乎每个人都面临着资讯焦虑症,因此资讯新闻一直是信息中最为重要的内容之一。人们普遍浏览新闻,而各行各业都有自己的热点新闻,追逐这些新闻热点已经成为一种常见的行为。虽然从用户角度来看,这一领域的质量可能有所欠缺,但它的数量庞大,相关账号层出不穷。

以上三种选题内容基本上是人人都有需求的,这样的内容账号更容易传播并且生存下去,总结起来就是用户存在:知识焦虑+情感焦虑+资讯焦虑。这决定了我们的内容主要就是解决用户的这些焦虑。为了做好这三种选题,防止内容的跑偏,我们还需要解决三个关键问题。

在我们确定了是做干货,还是情感或资讯之后,如果是情感类,那内容一定要以情感类观点输出占绝对的比例。确立账号的输出类型是确保内容一致性和吸引力的关键一步。不同类型的输出决定了各选题内容在账号内容上的配比。以下是根据输出类型对选题内容进行配比的建议,如表3-1所示。

表 3-1 选题内容配比

输出类型	特点	主题配比建议
干货类输出	实用性、专业性为主,提供解决问题的建议和知识	主打知识焦虑,涵盖多领域深度知识,保持高比例的干货内容
资讯类输出	以新闻、热点为主,提供客观、深度的解读	主打资讯焦虑,关注社会热点,提供独特见解,保持高比例的资讯内容
情感类输出	以情感共鸣、温馨感人为主,关注用户的情感需求	主打情感焦虑,包括励志故事、情感分享,保持高比例的情感类内容

根据内容定位,我们可以灵活调整各个选题的比例,但要确保主题一致,以提升用户黏性和传播效果。在选定输出类型的基础上,账号可以更有针对性地满足用户的需求,提高内容的吸引力。

3.2.2 垂直细化选题,解锁内容

在垂直细分的趋势下,账号的成功关键在于内容选题的垂直度和精细化。当前各大平台都将垂直度视为账号质量的核心指标,因此内容的垂直度直接决定了账号的质量。通过在知识、情感和资讯焦虑方面进行更精细的细分,我们能够更精准地满足用户需求,提升内容深度,使用户更深入地了解所关注的领域。这种细化不仅符合当前平台的趋势,还有助于建立账号在特定领域内的专业影响力,为用户提供更有价值的内容体验。

1. 干货观点的垂直细化

领域专业性:干货观点需要在特定领域展现技能,如化妆、穿搭、运营、文案等。

解决领域问题：针对具体领域的问题提供实用建议，使读者能够在特定技能中得到帮助。例如，目前平台爆火的美妆账号叫黑白黄姐妹，即分别找了一些皮肤肤色为黑、白、黄的女性作为视频中的主角。然后以不同肤色的女性，来分享、测试自己使用同一款产品的效果和体验。在整个体验、分享的过程中，主播主打无美颜、无滤镜的状态试色、演示，以实用的技巧和建议助力用户提升化妆技能（见图 3-1）。

图 3-1　黑白黄姐妹

2. 情感类内容的垂直细化

不同人群有不同的情感诉求，职场人可能有职场烦恼，学生可能面临学习压力，老年人可能有健康焦虑。针对不同人群的情感焦虑点，情感类内容的账号可提供个性化的情感解读和支持（见图 3-2）。

例如，在新媒体账号"一禅小和尚"中，IP 的主角包括一个对万事万物都充满好奇的小和尚和一个饱经世事、什么都懂的老和尚。这两位和尚生活在山中的寺庙里，构成了账号的独特 IP。小和尚常常提出一些生活、感情上的困扰和疑问，而老和尚则扮演着解答问题的角色，以他丰富的人生经验为小和尚提供指导和启示。这种设定使得账号中的对话不仅充满趣味，还能给予观众一些深刻的思考（见图 3-3）。

3. 新闻资讯的垂直细化

不同领域有不同的新闻热点和关注话题，需要根据不同领域特点进行精准定位。保持与特定领域热点的紧密关联，使新闻资讯更具吸引力和关注度。

例如，"四川观察"定位于"四川视频新闻第一屏"，2017 年正式上线运行；2020 年，以"有趣、有料、会玩梗"的特点，在短视频平台迅速"出圈"。又如，在 2023 年全国两会期间，"四川观察"提前策划，选取"95 后"村支书、两次获"梅花奖"的川剧大师、大熊猫保护工作者、"90 后"敬老院院长、脑科学家等代表委员，"量身定制"了五个创意短视频产品。

图 3-2 情感类内容

图 3-3 一禅小和尚

在选取这些代表人物时,除了考量常规的新闻性外,也关注了当时的互联网热度。例如,全民关注大熊猫的热潮让大熊猫保护工作者备受关注,脑科学家则是结合了当时火遍全网的电影《流浪地球2》、电视剧《三体》等进行讲解。主题自带的关注度,会让作品在传播时更容易吸引用户。经过6年多的持续发展,四川观察App已迭代至6.1版本,客户端下载量突破1400万,如今已搭建起涵盖新闻客户端、抖音、快手、微博、B站、视频号等新媒体矩阵,全网粉丝超过1亿(见图3-4)。

图3-4 四川观察

通过以上垂直细化的方式,我们能够更精准地满足用户的需求,使公众号在特定领域内建立起更为深厚和专业的影响力。这也是在当前内容创作环境中追求小而精的有效策略。

3.2.3 自身人格化定位,引领内容风向

人格化定位是塑造账号独特形象的关键步骤,通过将内容、品质和服务拟人化,使其在用户心中树立个性鲜明、情感丰富、印象深刻的人物形象,从而增加用户的好感与信任感。在人格化定位中,我们需要仔细考虑账号想要呈现的形象,是一个大叔,还是青春美少女?是严肃专业的形象,还是更偏向卖萌搞笑?是一个朋友式的存在,还是更像一位专业领域的专家?这些都需要与公众号的价值观和运营者的兴趣爱好相一致。

人格化定位确定后,将直接影响到知识焦虑、情感焦虑和资讯焦虑三个方向内容的写作风格、配图风格、表达形式、语言特色和整体调性。虽然每个人都有独特的价值观和喜好,但是违背公众号的价值观的内容将失去原则性。

通过解决人格化定位的问题,我们可以明确内容的调性、塑造独特的形象、确定账号的类型,以及内容垂直的方向。这为运营者提供了一个明确的参考和指导标准,使其不再陷入是否选择某个内容、纠结于内容的好坏等问题中,从而节省了大量的时间和精力。这也有助于公众号更有深度、更有吸引力地与用户互动。

3.2.4 系统化选题

有了选题的指导标准后,我们需要进一步细化和系统化选题。始终牢记内容存在的最核心目的是为用户提供价值,帮助他们解决问题、满足需求,甚至促进个人成长,减轻焦虑感。

因此,我们的选题应该围绕一个明确定位:帮助"哪些用户"在"什么场景"解决"什么问题"!

如果我们的目标是帮助用户成长,那就意味着我们要精心挑选和安排每期的有价值内容,确保我们的选题紧密围绕用户的需求和成长方向。通过这种方法,选题将更加有针对性,更具系统性,使内容更贴近用户期待,进一步提升用户满意度和忠诚度。

例如,运营的是一家健康生活的新媒体账号,通过细分用户需求,我们可以更好地确定选题方向。

首先,我们进行市场调研,了解到我们的目标受众主要包括关注健康饮食、健身锻炼、心理健康等方面的人群。

其次,在用户分群阶段,我们发现有一部分用户更注重素食和健康食谱,有一部分用户则更关心高效的运动方式,还有一部分用户关注心理健康和压力管理。这样的分群让我们能够有针对性地为不同群体提供内容。通过关注当前的健康热点,我们了解到一些新的饮食趋势、科学的锻炼方法和心理健康的关键议题。这些热点话题成为我们选题的有力依据。

再次,在数据分析阶段,我们利用平台提供的工具深入了解用户的行为,发现在某一段时间内,关于素食食谱的内容受到了很高的关注和互动。这让我们意识到在未来的选题中,可以增加关于素食的内容制作。

最后,通过建立反馈机制,我们在文章底部鼓励用户留言,询问他们对于内容的看法和期望。通过这种互动,我们收到了一些建议,如增加健康快手菜的制作视频和深入探讨心理健康话题。这些建议成为我们调整选题方向的重要参考。通过这一系列的细分用户需求的步骤,我们成功地确定了更具体、更贴近用户兴趣的选题方向,提高了内容的质量和受众互动效果。

通过不断拓展和细化,我们的知识体系逐渐清晰起来,就像构建一幅画一样:一开始可能只是一个模糊的轮廓,但随着每一步的补充和优化,画面逐渐清晰,呈现更加完整的图谱。这是一个长期的过程,需要不断补充、细化用户成长所需的知识。在这个过程中,我们优化关键项,舍弃不必要的内容,梳理各个层级的关系,使其更加清晰。初始时或许只是一个初步的构想,但随着时间推移,它会逐渐演变为一个详尽而完整的用户成长知识图谱。

两招"捉拿"热门选题的妙招

选题有时候让人头疼,但其实有两个简单而有趣的方法可以助你事半功倍。这就是我们俗称的内视法和外窥法。

1. 内视法

"内视"就像是给你的账号内容来个身体检查。你可以挖掘一下历史数据,看看哪些内容被读者读得最多、分享最多、点赞最多,以及哪些内容在不同时间段推送的效果最佳。这样一来,你就能轻松揪出之前那些受欢迎的选题。不过,别忘了直接去问问你的"粉丝"们,看看他们最喜欢哪些选题。你可以搞点投票活动、组织征集活动,或者在粉丝群里逗逗大家,了解一下他们的兴趣。

2. 外窥法

"外窥"就是偷偷窥探一下和你的目标读者有相同兴趣的账号内容都是什么?关注一些跟你有类似目标用户的账号,看看它们都在讲什么火爆话题。别忘了,灵感有时候就在那些"邻居"身上。

结合这两个招数,你就像聪明的侦探一样,捕捉到最适合你公众号的热门选题。

3.3 寻找选题的常见方法

在这个不断优化和完善的过程中,我们对于内容的掌握经历了质的飞跃,更加清晰地知道应该为用户提供何种内容,如何更好地满足他们的需求。那么在选题标准的基础上,用合适的选题方法不断尝试和优化是关键。下面我们介绍几种常见的选题方法。

3.3.1 抓住痛点,打造贴心内容

有时候,仅凭搜集分析数据并不能充分洞悉用户的内心需求。历史阅读数据仅反映了过去的选题方向,而那些未曾涉足的领域又该如何了解呢?这时候,就得"问"粉丝了,因为他们会告诉你许多答案。你可以直接向用户询问他们喜欢的选题。询问的方法多种多样:在后台组织投票,了解粉丝感兴趣的选题类型;发起征集活动,让用户留言以表达意见;通过在线问卷工具进行粉丝调查;在粉丝群里主动探讨用户喜欢的选题等。当然,如果有足够的时间,笔者建议尽可能进行一对一的私聊,直接与核心粉丝深入交流。这样能更全面地了解他们的真实需求,捕捉到一些微小的细节。

最终,我们将这些用户感兴趣的选题方向整理成详细表格,以备后续使用。这样你就能更精准地满足用户的需求,提升公众号的吸引力。通过深入了解用户,抓住其痛点,你能够打造更贴心的内容,建立更紧密的用户关系。

3.3.2 深挖关键词,了解行业信息

挖掘内容定位关键词对于丰富选题、熟悉行业并深入解读行业至关重要。在这个过程中,我们需要使用创造性思维,不仅要从已知的关键词中挖掘,还要从不同的角度和维度出

发,发现可能被忽视但潜在有趣的话题。同时,深入学习和理解所在行业的专业知识是挖掘关键词的基础,只有具备深刻的行业认知,才能更好地抓住受众的兴趣点,提供深度内容。例如,美妆类博主通过参加专业美妆课程,不仅能为粉丝分享更专业且具有深度的美妆知识,还能从学习过程中挖掘新的关键词和话题。之所以强调定期更新关键词策略,是因为行业和用户行为可能随时间而变化,即及时调整关键词策略是保持内容时效性和吸引力的关键。因此,只要肯花心思学习,挖掘内容定位关键词将成为持续推动创新和提升的动力,让内容创作者更全面、系统、深入地了解行业信息。

3.3.3 抓住热点,赋予内容关注

借势热点是新媒体内容选题策划中的一项关键策略,因为热点就意味着潜在的流量,而借助热点可以为你的内容附加流量属性,提高曝光度和关注度。

判断一个话题是否是热点,可以通过多个指标来进行评估。微博上的热搜榜是一个重要的参考,如果一个话题能够进入热搜榜,那就说明它引起了大量用户的关注和讨论。此外,观察朋友圈是否被该话题刷屏,以及在知乎等平台是否有大量用户参与该话题的讨论,都是判断热点的有效方式。你还可以通过与身边的朋友交流,了解他们是否知晓这个话题,从而判断其影响力和普及度。

在新媒体内容选题策划中,借势热点意味着选择那些当前备受关注的话题作为内容创作的焦点。这样的选题更容易吸引目标受众,因为他们已经对这个热点话题产生了兴趣。在展开内容时,可以结合热点话题提供深度解读、独特观点或者有趣的创意,以吸引更多用户的关注和参与。

例如,某个社会事件在各大社交媒体平台上成为热点,那么你可以以此为基础,通过深入研究专业的观点或者与用户互动的方式,为这个热点话题打造独特的新媒体内容。这样,你就能够借助热点为内容赋予更多关注度,同时满足受众对于热门话题的好奇心。

3.3.4 弥补空白,获得市场认可

弥补市场空白是新媒体内容策划中一项具有前瞻性和创新性的重要策略。这一方法的核心在于深入了解目标受众的需求,通过市场调查、用户沟通等手段,发现并填补市场中尚未得到满足的需求,从而创造出独特且具有吸引力的内容。

首先,前期的市场调查是不可或缺的步骤之一。通过对现有市场进行细致的调查,分析竞争对手的内容,收集用户的反馈和需求,找出目前市场上存在的空白或者不足。这需要前期大量的工作投入,但这样的工作投入是为了在后续的内容创作中更好地满足受众的期待。

其次,与潜在用户进行直接沟通也是非常有效的手段。通过社交媒体、在线调查、用户反馈等方式,了解用户对于现有内容的不满意之处,以及他们期待看到的新内容。这种互动式的沟通有助于深入了解用户的真实需求,为内容策划提供有力的依据。

这种策略的特点在于前期投入较大,但通过深度了解用户需求并填补市场空白,往往可

以获得意想不到的效果。由于创作的内容是基于市场真实需求的,因此更容易获得用户的认可和关注。同时,这样的定制化内容往往能够排除潜在的竞争者,建立起与受众之间更紧密的连接。

在新媒体内容策划中,可以选择专注于某一领域或主题,通过深入挖掘用户需求,从而创造出独特而有价值的内容。这样的内容更有可能在市场中脱颖而出,取得更多用户的关注。

3.3.5 验证方向,实战测试参考

新媒体账号运营,必须具备最基本的运营思维,每一步的表格统计都是为了更有效地实现运营目标。发现潜在的选题方向并不是最终目的,还需要通过真正的验证和测试来确定哪些选题方向能够得到用户的认可和喜爱。营销领域有一句名言:"经过实战测试有效的广告就叫好广告。"

类似地,选题方向的好坏只有通过与用户真实互动才能判断。通过测试,我们可以评估哪些选题方向具有较高的受欢迎度。该测试不仅可以提供改进的机会,还能为我们制定更精准的选题策略、优化内容形式和频率提供参考。

在确定测试方向后,我们需要制定详细的测试计划,包括测试时间、推送位置、推送频率等。值得注意的是,测试时间不能太短,以确保有足够的样本量进行分析,建议测试周期至少为1周,最好能达到1个月,以获取更可靠的测试结果。通过这样的实战测试,我们可以更准确地预测选题方向的效果,为后续的内容创作提供有力支持。

3.4 全面评估,超越表象——深度数据分析

在前期选题策划中,我们不仅要关注表面数据,更要进行深度数据分析,以及全面评估账号运营状况和内容质量。通常,我们会简单地通过比较平台后台提供的数据(如阅读量、完播率、转发量、新增粉丝数量、粉丝总量、收藏量等)来评估运营情况。然而,这些数据虽然易于统计和量化,但有时可能会导致对运营状况的表面化认知。

例如,浏览量虽然达到一定数量,但其中有多少是有效传播?仅凭转发量和收藏量是否足以评估内容质量?公众号的内容究竟能为其带来多少粉丝?浏览量很高,却没有点赞,是否存在问题?留言众多,但是否存在负面评论问题?

所以一味查看后台数据已经成为机械化行为,如习惯性地查看阅读量、粉丝增长量和收藏量。然而,这种简单的数据观察是不够的,我们应该思考更多问题。我们不是要摒弃传统的数据分析指标,而是在此基础上引入一些新的维度。

以下将分享四个方面的深度数据分析,供大家根据实际情况尝试。

3.4.1 关注完成率

想象一下,有一天你突发奇想,选了一个全新的选题,取了一个极具吸引力的标题。当你发布内容后,浏览量或者阅读量瞬间飙升到5000,是之前的两倍!你可能会兴奋地决定今后多采用类似的标题。

初期,效果看起来不错,数据持续攀升,你对此信心满满。但是,过了一段时间,情况发生了变化:内容的打开率逐渐下滑,关注者纷纷流失,就连老读者也消失得无影无踪。

问题究竟出在哪里呢?可能是因为那篇阅读量达到5000的文章实际上是标题党,读者被吸引点击,但实际的内容他们并不认可,几乎没人看完。在这种情况下,我们不能只看转发量、收藏量和点赞量,还得留意内容的完成率,即5000名用户中有多少人真正看完了整篇内容。这些数据会在后台展示得很清晰。

内容的完成率越高,说明标题与内容越相关,用户观看阅读体验也越好,对这篇内容的认可度也越高。视频账号的完播率可以直接在后台看到,尽管在公众号后台无法直接获取这个数据,但我们可以通过一些粗略的算法来估算。其中一种方法是利用流量主数据,查看底部广告的当日曝光量,然后用当日曝光量除以当日阅读量。虽然这个算法有一些干扰因素,但仍然能够提供一个初步的参考值(见图3-5)。

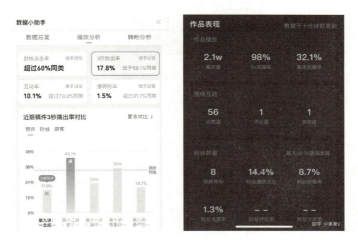

图 3-5　后台数据

3.4.2 关注文章内容增粉量

平台账号吸引新粉丝也是至关重要的一环。尽管内部粉丝的点击量和阅读量也很重要,但如果无法将内容继续传播到外部,新粉丝就无法涌入。常见的认知误区是认为分享量越多,吸粉效果就越好。然而,这是典型的相关性认知偏差,分享量与吸粉效果之间并没有直接的正比例关系。分享再多,如果没有带来新的关注,它并不能算是能够吸粉的内容,只能算是易于传播的内容。

因此，我们引入了"内容增粉量"这个概念，它具体指的是某篇内容发布后所带来的粉丝增长量。这样我们可以更清晰地了解这篇内容的吸粉能力。视频平台一般可以在后台直接查看相关数据（见图3-6）。然而，公众号后台并没有提供这个具体的数据，所以我们需要进行粗略估算。

图3-6　抖音平台粉丝数据

在公众号的"用户分析"功能中，我们可以统计当天从图文页内、公众号名称、图文右上角菜单、名片分享等途径带来的涨粉量。虽然这些数据中包含了很多干扰项，但在单篇内容发布或不同内容测试的时候，我们可以使用这些数据。通过对比不同内容发布的涨粉量差值，间接评估这个内容在目标人群中的涨粉能力。这样，我们可以更有针对性地优化内容，提升涨粉效果。

课堂小贴士

公众号涨粉数据搜集方式

在公众号运营中，获得后台数据的方式通常是通过微信公众平台提供的数据分析工具。微信公众平台的后台数据包括了多项指标，可以帮助运营者更好地了解公众号的运营状况。以下是一些常见的后台数据和获得方式。

阅读量、点赞量和评论数：这些数据可以在每篇文章的阅读原文页面找到。在微信公众号后台的"图文分析"中，你可以看到每篇文章的具体数据，包括阅读量、点赞量和评论数。

新增粉丝数：在微信公众号后台的"用户分析"中，你可以查看每天的新增关注人数。这里还能分析关注来源，包括图文页内关注、名片分享、扫描二维码等。

转发、收藏量：在每篇文章的后台数据中也可以看到转发和收藏的次数。这些数据反映了读者对内容的喜爱程度和传播效果。

扫描二维码关注数：如果你在文章中使用了二维码引导关注，可以在"用户分析"中查看扫描二维码带来的新增粉丝数。

请注意，微信公众号的后台数据可能有一些滞后，而且为了更准确地分析后台数据的效果，你可能需要结合不同时间段的数据进行对比。这样的后台数据分析有助于优化公众号内容，提高其运营效果。

3.4.3　留言比率解密用户真实反馈

假设你的一篇文章浏览量高达10000，看似是个好消息。但是，如果在已开通留言功能后却没有一个留言，这是否构成一个问题呢？反之，如果文章阅读量为10000，留言数量也达到了100个，这看起来是不是更好呢？然而，仔细看过去，你会发现其中有60多个留言都是负面的吐槽。这算不算又是一个问题呢？

在某账号的留言管理图中，很多留言实际上都是在吐槽，但单纯看数据可能让你误以为用户超级支持、超级喜欢。因此，用户留言比率作为一个关键指标能更好地体现了内容与用户的匹配度，同时也反映了内容对用户留言的调动与激发能力。这种阅读留言比率既能展示用户对内容的真实反馈，又有助于评估用户的质量，以及公众号的活跃度和长期影响力。这些因素在公众号运营中变得越来越关键。通过这种方式的数据分析，你可以更全面地了解用户的喜好和态度，为公众号的内容优化提供更有力的参考。

3.4.4　文章用户互动数

点赞浏览量比，即点赞数占浏览人数的比例。这个数据其实很多平台都在使用，是一个基本数据，主要用来判断用户对于文章的喜欢程度、认可度，与其中的观点是否产生共鸣。它是账号运营者研究用户口味的得力工具。

首先，点赞浏览比的数据有其独到之处，但在作者看来，相较于留言阅读比，点赞略显"含糊"。留言可看出读者的态度，而点赞的背后却有太多可能性。用户是被文章中一句不经意的鸡汤打动了吗？还是觉得画面简直完美？又或者只是出于一种习惯性的点赞行为？因此，在留言和点赞都纷纷扬扬的情况下，更推荐将焦点放在正向留言阅读比上。

其次，要做到3%的点赞浏览比已经算不错了。而且，更奇妙的是，在体量较小的时候，这个比例往往更难捉摸。例如，当浏览量为100时，获得3个点赞还算轻松；但当浏览量冲上100000时，要争取到3000个赞，简直如同大海捞针。这再次说明了点赞浏览比具有相对稀缺性和挑战性。

总而言之，这几个新增的账号数据分析项并非为了取代基础数据的价值，而是为了让我们更加深入地分析和思考。特别在初期选题策划测试阶段,它们为之后的内容策划和传播提供了更有针对性和精准的数据支持。然而,数据本身并不是解决问题的关键,我们需要根据自身运营的重点去挖掘数据背后的价值。正如人们所说,数据是不会说话的,它只会告诉你,让它说的内容。

第 4 章 新媒体内容创作

新媒体内容创作是一种充满创意和灵活性的表达形式,通过多种媒体传达信息,旨在建立与受众之间更为紧密的联系。在数字时代,这种创作形式已经成为吸引用户的关键工具,同时也塑造了我们对信息获取和娱乐的全新期望。

在新媒体时代,创作者采用图文创作和短视频创作两种主要形式来传达信息。

图文创作是以文字和图像的巧妙组合为基础,通过精心设计的图文结合,使创作者能够在有限的空间内传递更为丰富的信息,同时引导受众对内容进行深入思考。图文内容具有高效的信息传递效率,适用于深度解读、专业观点的表达,以及更为详细的信息传达。

短视频创作则是以视频为主要媒体形式,通过短小精悍的内容在短时间内迅速吸引用户的注意力。它通过影像和声音的双重呈现,更加生动地呈现内容,增强了用户的视听体验。在轻松娱乐的主导氛围中,短视频具有能够适应用户短时注意力的特点。

但是不论是图文创作还是短视频创作,创作者都需要在内容策划和表达上保持高度创意性。通过巧妙运用文字、图片或视频元素,打造出引人入胜、独具特色的内容,这样才能更好地吸引受众的关注。所以说,这两种创作形式在新媒体时代相辅相成,为受众提供了更为多样化、丰富而生动的内容体验。

4.1 新媒体图文创作

在这个数字时代,我们每天都在社交媒体上浏览各种内容,通常都会被那些充满创意的图文内容所吸引。想象一下,我们每次在手机上浏览社交媒体,看到那些引人入胜的图文故事时,是不是总能让自己停下脚步,被深深地吸引?这可不是偶然的,而是一种巧妙的创作方式,把文字和图片融合得天衣无缝,以更生动、更有趣的形式呈现信息。这种创作方式不仅满足了我们快速获取信息的需求,还顺应了我们越来越喜欢通过图片来理解事物的文化潮流。所以,让我们一同探索新媒体图文创作中需要的技能,来满足信息传播的需要。

4.1.1 新媒体图片创作

图文的呈现方式不仅仅是一种装饰,更是内容输出团队实力的直观体现。专业的图文设计不仅能够提升受众的阅读体验,还能够增强内容的传播力和吸引力,是新媒体内容创作中不可忽视的重要环节。通过对设计趋势、受众喜好和技术应用的深刻理解,团队可以塑造出更具影响力的图文内容。对于新媒体来说,创作者经常会遇到以下三种常见的图片:头像图、封面图、内容配图。

（1）头像图。在新媒体运营中，头像图是一个简洁而强大的品牌或个人形象展示的工具。对于品牌账号，头像图是品牌标志的重要一环，清晰而具有辨识度的元素有助于建立品牌形象。对于个人账号，头像图则是展示独特个性和风格的利器，通过巧妙选择头像图可以突显个人特色。在专业领域，头像图需要传达专业性和信任感，反映出账号的专业度。同时，通过变换头像图，及时表达对时事和特殊活动的关注，展示账号的活跃度。通过精心选择和设计头像图，运营者能够在用户心中留下深刻的印象，有助于建立品牌认知、促进互动和提升运营效果。

头像图通常以文字、图片，或者文字和图片相结合的形式出现，总的来说，有以下几种常见的形式，如图 4-1 所示。

组合形式	头像图
中文文字型	百雀羚
英文型	mi
中英文组合	中国移动 China Mobile　LI-NING
图形型	CONVERSE Chuck Taylor ALL STAR

图 4-1　账号头像图组合形式

（2）封面图。在内容运营中，内容的点击率与标题设计息息相关，而标题中最直观的展示方式就是通过封面图，尤其在移动端界面中，封面图通常占据了整体空间的 1/4。这使得封面图的质量直接反映了新媒体运营者的用心程度，对内容的点击率产生了巨大的影响。

在有限的视野内，封面图需要迅速吸引用户的视觉焦点，引导他们将目光聚焦在关键信息上，从而提高阅读转化率。在很多情况下，图片的视觉吸引力要远远强于文字本身，因此封面图的设计越美观、越吸引人，读者就越愿意打开文章去仔细品味。

封面图的宽高比例和大小是直接影响到页面的美观度和用户体验的关键因素。以微信公众号为例，微信官方对于公众号封面图的规定如下。①主封面图：推荐的宽高比例为 2.35∶1，即宽度为 900 像素，高度为 383 像素。这个比例和尺寸是为了图片在不同设备上展示时保持良好的视觉效果，同时能够充分利用移动端的页面空间。②侧封面图：微信官方建议侧封面图的宽高尺寸为 200 像素×200 像素。这个小而精致的图片通常显示在公众号主页的右侧，起到补充、辅助主封面图的作用（见图 4-2）。

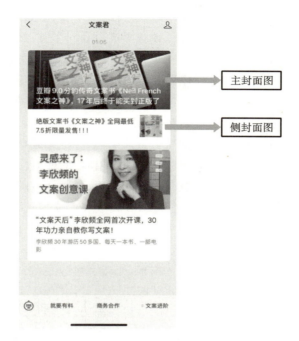

图 4-2　主封面图与侧封面图展示页面（图片来自网络资源）

（3）内容配图。虽然内容在新媒体运营中扮演着核心角色，但不可否认配图的质量同样至关重要。出色的配图不仅直观展示文章内容，还能提升新媒体账号的整体档次。一般建议文章中的内容配图宽度保持一致，推荐为 900 像素，以避免与其他图片的尺寸相差过大显得不协调。

①文内插图。在不同类型的文章中，配图需求各异。

轻松型插图，如图 4-3 所示，适合在段落间配表情包，以增添生动性。

专业/干货型可采用示例、演示的图片，提高文字的可理解性，也可使用专业数据分析图或操作图，如图 4-4 所示。

图 4-3　轻松型插图（图片来自网络资源）

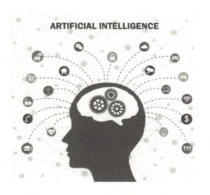

图 4-4　人工智能概念示例插图

而在宣传促销型文章中，精美的插图成为文章的重中之重，帮助文字展示（见图 4-5）。

在新媒体内容创作中，配图的选择和处理至关重要。首先，必须确保所选图片的来源是高质量的、清晰的，以避免出现模糊或失真的情况。其次，配图应与文章内容相关，形成图文结合的效果，同时符合平台规范，适应不同尺寸和格式。再次，注意颜色搭配，保持与整体配色一致，关键要考虑不同设备上的显示效果。最后，多样性的配图在一篇文章中也起到增加视觉层次的作用，同时创意设计也可增加吸引力。

新媒体内容在创作中重要的是避免版权问题，要使用合法授权的图片，并基于读者的反馈，通过测试和优化找到最适合目标受众的配图策略。综合考虑这些因素，运营者可以更好地选择和处理配图，提高内容的吸引力和可读性，增强读者的互动体验。

图 4-5　宣传促销型插图

② 二维码配图。

在新媒体运营中，创意独特的二维码名片是引导用户对账号进行关注的有效工具。这种名片不仅能够在文中提示用户关注，还能够轻松引导更多粉丝。常见的二维码分为静态和动态两种，尺寸建议为 900 像素×500 像素。对于静态二维码，应当简要明确，突出重点；而动态二维码则通过图像变化增加吸引力，使用户在关注过程中更具趣味性，如图 4-6 所示。

图 4-6　静态、动态二维码（图片来自网络资源）

4.1.2　新媒体文案创作

当提到新媒体文案时，通常指的是在互联网和社交媒体平台上发布的文本内容，其目标是吸引目标受众、传递信息和促使互动。所以，新媒体文案工作人员要在互联网和社交媒体平台上创建吸引人、有影响力的文案，以推广品牌、产品或服务，提高品牌知名度，并与受众建立互动。如果你的新媒体文案能够引起用户的兴趣、共鸣或互动,那么用户可能会通过点赞、评论、分享等行为将你的文案传播到他们的社交圈。

文案的原型是一种长条、专门用来放书、写字的桌子,后来,人们慢慢地用文案指代在桌子上写字的人(李悦桐,吉林出版社)。在中国古代,文案亦作文按,就是公文案卷。《北堂书钞》卷六八引《汉杂事》:"先是公府掾多不视事,但以文案为务。"《晋书·桓温传》:"机务不可停废,常行文按宜为限日。"负责文按内容和传递的都是官衙中的"文化人",所以我们可以把它看做是古代的公务文书,所以负责文案的人的地位也要比一般的属吏地位高一些。文案发展到今天,是广告文案的简称,最初是源自英文"copywriting"的翻译,这个词汇最早在广告和营销领域中出现。《Advertising:Principles and Practice》(作者:Sandra Moriarty、Nancy Mitchell、William Wells)强调文案是广告中用语言表达和传递信息的核心。

我们从广义和狭义两个角度来定义文案。广义上,文案指的是一切为传达信息、表达观点、推动行动而创作的文字内容。它包括广告、宣传、推广、文学作品、新闻报道、网站内容等各种文本形式。在这个定义中,文案的范围非常广泛,涵盖了几乎所有书写的形式,其目的是通过文字实现某种交流或影响。狭义上,文案特指为广告、宣传和推广等商业目的而创作的文字内容。在这个定义中,文案通常是具有目标导向性的,旨在引导读者或观众采取特定的商业行动,如购买产品、了解服务、参与活动等。

1. 新媒体文案的特点

新媒体文案的成功离不开一系列独特而引人瞩目的特点,这些特点使得文案能够迅速吸引用户目光、传递信息,并激发互动。从即时性的时事响应到个性化推荐的精准定位,新媒体文案在多媒体元素的丰富运用和社交互动的强调下,展现出独具魅力的特质。让我们深入探讨新媒体文案的特点,了解它们是如何在数字时代塑造引人入胜的用户体验的(见表4-1)。

表 4-1 新媒体文案

特点	特点内容	案例
即时性	发布新闻评论	疫情暴发,健康保健品牌及时发布文案,传递支持抗击疫情的信息,提醒用户关心健康
互动性	提出趣味问题	"你最喜欢的周末去哪里?告诉我们,让我们的产品成为你的最佳伴侣!♯周末探索♯"
多媒体元素	制作吸引人的视频	美妆品牌发布新产品的独特功能视频,通过展示产品使用场景和效果,吸引用户眼球
分享传播	利用独特标签	"发现美好,♯品牌名称♯同行。"鼓励用户在社交媒体上分享使用品牌产品的美好瞬间,形成口碑传播

续表

特点	特点内容	案例
个性化定制	针对不同平台和用户群体	Bilibili的成功在于深刻理解年轻用户的需求和兴趣,通过提供多样化、互动性强的内容,构建了一个具有强烈社交氛围的平台
实时数据分析	利用分析工具进行调整	根据实时点击率和用户反馈,迅速调整文案策略,确保与用户的实时互动。故宫博物院按照受众喜欢的风格进行营销策划,2014年1月,创建了"微故宫"微信公众号,打造了"故宫猫"的形象
引导用户行为	制作有呼吁力的文案	"点击下方链接,发现我们的最新产品,享受独家优惠!"激发用户点击链接,参与活动或浏览产品
品牌故事讲述	通过情感故事建立共鸣	汽车品牌发布感人的创始人创业故事,让用户更深刻地了解品牌背后的价值观和使命
创新性和趣味性	制作有趣而创新的文案	食品品牌发布独特食谱文案,以轻松幽默的语气吸引用户尝试新的烹饪体验
社会化传播	强调用户参与和分享	时尚品牌推出用户照片分享活动,鼓励用户在社交媒体上分享他们穿着品牌服装的照片,形成口碑传播

2. 新媒体文案的类型

新媒体文案的分类可以基于多个标准,包括目的、形式、风格等。以下是基于不同分类标准的新媒体文案类型及其特征,如表4-2所示。

表4-2 新媒体文案类型及其特征

文案类型	特色描述	示例文案
幽默搞笑文案	以轻松、幽默的语言吸引用户,增加趣味性	"一周五次面对屏幕,一周五次与键盘亲密接触,这是程序员的浪漫!♯程序员日常♯ ♯幽默时刻♯"
情感共鸣文案	强调情感元素,触发用户情感共鸣,建立情感连接	"带着梦想出发,用心追求,一切皆有可能。♯梦想成真♯ ♯奋斗人生♯"
专业知识文案	针对特定领域或行业,强调专业性和知识性	"探索科学的奥秘,了解宇宙的奇迹。♯科学探索♯ ♯知识普及♯"

 课堂小贴士

文案创作 3W1H 流程

在新媒体文案创作中,文案创作者需遵循明确的流程,确保内容更具目的性,提高实现预期效果的可能性。

What:找到文案的创作目标——在动笔之前,明确文案要达到的目标是关键。文案的目标是希望读者更了解内容,还是促使顾客立即下单?目标的不同将直接影响文案的侧重点和最终内容。

Who:找到文案的沟通对象——文案创作者必须清晰定义文案的目标受众群体。了解"聊天对象"的特征及与企业产品的关联,有助于使文案更具有针对性,更容易实现预期目标。

Where:找到文案的表达方式——理解目标客户在哪里(平台、渠道)接收信息,有助于确定文案的表达方式。文案创作者需要考虑目标客户的喜好和使用习惯,以更好地方式呈现内容。

How:找到文案的创作方法——确定文案的创作方法是关键。文案写作的一般框架是"描绘—承诺—证明"。其中,描绘部分通过展示场景或情境引起读者兴趣,承诺部分强调产品或服务解决问题的能力,证明部分通过名人背书或实际数据提供信任支持。

以一款商家新推出的"无糖饮料"为例,文案开头就是场景描绘部分(一般是产品使用的场景和热点情景的延伸)。

场景部分:在一个炎热的夏天,你口难耐渴。而你又担心喝饮料过多摄入糖分会对你的健康造成影响。你的目光在超市货架上来回扫描。

承诺部分:突然,你看到了一款名为"清凉无糖"的饮料。它声称不含任何糖分,适合于所有年龄段的人群。而且它还添加了柠檬和薄荷,让你在喝的时候感到更清凉和舒爽。

证明部分:在产品包装上还有一段文字,"口感好,给你健康的日常饮料。"

敦促部分:促使用户下单,现在下单,立刻发货。

综上所述,文案创作者在新媒体创作中需遵循以上流程,确保在说什么、对谁说、在哪里说、怎么说这四个方面都能够明确目标,从而提高文案的质量和效果。

4.1.3 新媒体图文创作

新媒体内容在创作过程中更多的是采用图文结合的形式,因为在信息传达过程中图文具备更强的说服力。它通过文字和图片各自的优势,提供多角度的信息呈现,更容易引起读者的共鸣。新媒体图文创作的基本流程包括以下几个关键步骤。

(1)明确创作目的和受众:在开始图文创作之前,首先明确创作的目的是什么,要传达什么信息,以及面向的受众是谁。这有助于确定创作的主题、风格和调性。

(2)策划内容结构:规划整体内容结构,确定文章的主要章节或模块,以及各部分的逻辑关系。这有助于确保图文内容具有层次感和逻辑性。

(3)选取关键信息:从整体内容中选取关键信息,确定需要通过图文传达的核心观点和重要信息。这有助于聚焦创作,使图文更具针对性。

(4)素材准备和搜集:收集和准备与内容相关的图片、图标、表情包等素材。确保素材的质量,与整体风格相符,同时要避免侵犯版权。

(5)设计排版:利用设计工具,如 Photoshop、Canva 等,进行图文的排版设计。考虑文字和图片的布局,确保整体视觉效果和美感。

(6)字体和颜色选择:选择适合内容风格的字体,确保字体搭配清晰易读。确定主色调和辅助颜色,保持整体配色的一致性。

(7)创作文字内容:根据选定的关键信息,编写清晰、简洁、有吸引力的文字内容。注意语言表达和段落结构,使读者易于理解和接受。

(8)图文结合优化:将文字与图片相结合,优化图文呈现效果。确保图文之间有良好的互动,达到信息传递的最佳效果。

(9)校对和修订:仔细校对图文内容,检查拼写、语法和排版错误。对需要调整的地方进行修订,确保最终内容的完整性和专业性。

通过以上流程,内容运营者能够更系统地进行新媒体图文创作,确保作品在视觉和内容上都能够达到预期的效果。

在新媒体图文创作中,巧妙运用一些技巧,既能提高创作质量,增加阅读量和点击率,同时也有助于提升创作效率,形成独特的创作模式。图文创作的技巧如下。

(1)图文内容符合用户需求。在新媒体图文创作中,重要的是生产出符合用户期望的图文内容。创作者应以用户运营思维为导向,密切关注目标用户的需求和兴趣,以生产符合用户期望的内容。不需过分强调内容运营者的个人才华,而是更注重基于人群标签的内容创作。通过运用用户运营思维,创作者可以确保图文能够吸引用户点击,提高曝光率。关键在于想方设法吸引用户点击,从而实现二次曝光效果。

(2)抓住热点。优秀的图文创作者应善于抓住时事热点,将其与所在行业关联,以吸引更多关注和互动。由于热点内容能够提高图文的传播性,创作者要善于敏锐捕捉并结合热点进行创作。

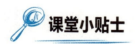

抓住时机蹭流量

花西子跌下神坛之后,国货品牌集体抓住机会,上演了一起营销商战。"1 花西币=79 元",网友将 79 元戏称为"1 花西币",吃瓜群众玩梗的同时,老牌国货品牌蜂花也不落下风。

9月11日,在李佳琦道歉当晚,蜂花连夜在直播间上架79元洗护套餐,玩梗表示"1 花西币可换 5 斤半蜂花"。蜂花玩梗营销,内涵花西子,不遗余力地蹭热点,也让它再度出圈。

一系列操作让蜂花官方抖音账号两天涨粉 80 多万,7 次登上微博热搜。仅仅两天时间,蜂花抖音直播间的人气和销售数据均创下近年新高,其直播间最高在线人数突破 3 万,带货 GMV 更是超过 2500 万元。

抓住热点的流量红利使劲蹭,是蜂花近几年最重要的营销手段。这个 38 岁的老牌国货选手已然成为热搜榜单的常驻嘉宾。

（3）模仿学习，强化原创力。对于初学者，可以通过模仿优质内容进行学习。但要注意在模仿的同时进行升级、优化和创新，避免简单地照搬，以确保内容更具独创性。尽管原创对初创图文作者有一定难度，但注重原创是提高内容质量的关键。创作者应努力提升原创能力，不仅能避免侵权问题，还能通过独特视角吸引更多读者。

（4）关注行业动态。创作者需保持对所在行业的关注，及时了解行业动态，以确保图文内容与行业发展保持一致。这有助于保持内容的时效性和专业性。

准考证兑免费咖啡，星巴克买一送一

在这个一年一度隆重的日子，许多品牌都会结合高考的主题去做营销内容。答卷、准考证、成绩单、录取通知书……这类和高考相关的营销内容年复一年早就被玩烂了。即便如此，星巴克还是用准考证玩出新的花样。通过图文的方式，在6月8日—6月13日期间，星巴克发起"高考再见，星巴克请你吃瓜"的话题活动。用户凭手绘的、打印的，甚至手写"准考证"三个字，就能前往附近的星巴克获得买指定产品送一杯"晴空蜜瓜星冰乐"的资格。

买一送一的活动对星巴克来说并不少见，赠送的"晴空蜜瓜星冰乐"也不是什么热门爆款，但凭准考证买一送一这个活动却在微博上获得了3509.5万的阅读量，有4.3万用户参与讨论。之所以有如此反响，除了星巴克本身的品牌影响外，其中一个重要原因是星巴克利用新媒体图文结合的方式，很好抓住了时事热点，将其与自身产品进行结合，有效传播了"降低门槛"的促销活动，引起更多的关注和互动。

在星巴克进行买一送一的活动同时，奶茶品牌台盖也发起了类似的活动。但是台盖的要求非常高，用户必须出示真实有效的准考证，这导致不少用户被拦于门外，无法带来更多传播效应。

4.2 新媒体短视频内容创作

新媒体短视频内容创作在当今数字化社会中崭露头角，成为观众喜爱的主流娱乐形式。因此，短视频已成为内容创作的热门选择和社交媒体平台的重要传播方式。短视频内容创作包括目标明确、创意策划、脚本撰写、拍摄剪辑、配乐特效、测试优化、发布推广等工作，以生动有趣的方式传达信息并吸引观众。

1. 创意策划

在明确目标之后，对短视频创意进行构思时，我们要以内容和表现形式为主要思考方向，目的在于确保视频不仅具有深度，还能吸引观众。

1）内容

我们的内容设计基于对目标受众兴趣和喜好的深入了解，以确保视频能够吸引并符合他们的期望。通过这些关键点的精心谋划,我们致力于创造一个在内容和表现形式上均极具吸引力的短视频创意。所以在内容策划中,着眼于设计一个引人入胜的故事情节,通过有趣、紧凑的开头、发展和结尾,能迅速吸引观众并激发共鸣。我们需要关注一些独特的视角,力求以非同寻常的方式呈现内容,为观众带来新奇感并提升独特性。通过深刻的情感表达,我们致力于触动观众内心,使他们更容易与视频产生共鸣。同时,我们引入创新元素,如独特的场景、效果或互动方式,以确保短视频脱颖而出。

2)表现形式

创意拍摄是吸引观众的有效途径,使我们的视频在表现形式上更具独特性。在表现形式中,我们可以通过尝试创意的拍摄手法,包括特殊的镜头运用和创意的拍摄角度。其中,短视频的表现形式具有多元化,包括解说式、脱口秀式、情景剧、Vlog 等,并在适当的情境下融入幽默感,能轻松愉快地传达信息,这将使视频更具吸引力,增加观众的喜爱程度。同时,我们强调内容需要简洁明了,确保信息能够迅速传递,从而提高观众的关注度。我们认为,只有与精彩的创意内容相得益彰,合适的表现形式才能取得更好地传播效果。也就是说,我们需要根据内容设计,选择最合适的短视频形式,以确保观众获得最佳的观赏体验。

短视频《逃出大英博物馆》创意分析[①]

8月29日,自媒体煎饼果仔上传了她的自制短剧《逃出大英博物馆》的预告,当日播放量破300万,第一集上线后,一举登上各平台热门榜。《逃出大英博物馆》讲述了一群中国文物在大英博物馆里苏醒后,出逃寻找自己故乡的故事。该剧视频正片共有三集,创作者希望通过这部短剧,唤起人们对中国文物的关注和尊重,也呼吁大英博物馆尽快归还中国文物。该剧引发了#没有中国人笑着走出大英博物馆#等热搜词条。

视频一出,不少观众在评论区和弹幕中感叹"中国最珍贵的文物全都在大英博物馆里",扼腕那段惊心动魄的掠夺史,同时也有不少人惊喜这样精良的制作竟是出自团队仅仅几人的自媒体之手,不仅显示出互联网时代多元的文化书写,更展示出四两拨千斤的传播效果。

8月30日第一期一上线,就引发了极大的关注,相关热条冲上了微博热搜;8月31日上线第二期,9月5日更新第三期,该系列持续出圈,得到了央视新闻等主流媒体的采访与肯定。三集的微短剧,截至2023年11月5日,抖音上该系列合集已突破了4.2亿播放量(见图4-7)。

在表达方式上,互联网话语结构正在极大程度地影响着对文化记忆的建构。以文物为例,叙事的拟人化、通俗化,加上技术的复原,"活"起来的文物的第一人称叙事十分常见,也贴合了互联网时代的"萌"文化,文化记忆也随之有了更多视觉化、情感化的表征。注重共情传播引发集体记忆的追溯,是通过画面视听的有效结合,让文物自述这一"文物流动与回归"小视角撬动了民族情怀这一大主题。在创作历程的"网友留言—博主创作"的共创现象,也

---

① 转自公众号"拖鞋哥新传考研"。

图 4-7　逃出大英博物馆（图片来自网络资源）

可以为微短剧的素材来源提供参考,这体现了博主生态中粉丝反馈的重要性。整体而言,《逃离大英博物馆》系列短视频,无论是在主题、表达方式与创作过程中都可以进一步挖掘,有兴趣的同学可以找找不同视角做进一步的分析。

2. 脚本的策划与撰写

脚本是短视频的主线,是整体方案的具体表现,分为拍摄提纲、文字脚本和分镜头脚本。

(1) 拍摄提纲。确定短视频的拍摄提纲是搭建基本框架的关键步骤,适用于一些不容易掌控和预测的内容,如纪录类和故事类短视频。通常情况下,确定拍摄提纲包括以下五个步骤。①明确选题:确定短视频的主题、创作方向和目标。②明确视角:确定选题的角度和切入点,明确短视频的视觉呈现方式。③明确调性:定义短视频的风格、情感色调、节奏等要素,包括色彩、构图和光影等元素的运用。④呈现内容:完整叙述短视频的情节转折、结构、视角和主题,确保故事线索清晰。⑤充实细节:通过完善音乐、配音、解说等元素,增强短视频的表现力,调动用户情感,使得视频更加生动和丰满。

(2) 文字脚本。我们要更进一步,除了在拍摄提纲基础上增添一些思路,还需关注以下要素,使脚本更加完善。

首先,明确每个场景中演员需要执行的任务,这是确保视频表述准确的关键。任务的明晰性有助于演员理解并将其融入表演中,让观众更容易理解故事情节。

其次,台词的编写至关重要。我们要确保台词不仅能传达信息,还要具有吸引力,引起观众兴趣。生动有趣的台词可以让视频更加引人瞩目,让观众更深入地参与到故事中。

在文字脚本中,详细描述所选用的各个镜头,包括拍摄的角度、运动轨迹、使用的焦距等。通过清晰的镜头要求,能够确保导演和摄影团队理解创作者的创意,并在实际拍摄中准确呈现。

最后,不要忽略整个短视频的时长把控。通过明确规定每个镜头的拍摄时长,使得整体时长既符合观众的接受习惯,又保持了视频的紧凑性。

通过这些要素,我们能够编写出更为完善、生动有趣的文字脚本,为短视频的拍摄提供更具体而全面的指导。

(3)分镜头脚本。分镜头脚本的要求非常细致,需要对每个画面进行详细的规划,确保每个镜头都在创作者的掌控之中,包括每个画面的白天或夜晚、场景、角色动作等方面。在策划分镜头脚本时,我们必须充分体现短视频故事所要表达的真实意图,同时也要考虑短视频的对话和音效等要素(见表4-3)。

表 4-3 分镜头脚本

镜头	场景	画面内容	角色动作	对白	时长	拍摄方式
1	咖啡厅	明媚的阳光透过咖啡厅窗户洒进室内,主人公坐在靠近窗户的卡座上	主人公拿着咖啡杯说话,抬头看见窗外的阳光	主人公:今天天气真好	0:05	手持镜头,窗外逆光拍摄
2	公园	主人公在步行道上散步,一只小狗跟在她的身后	主人公笑着蹲下抚摸小狗,小狗欢快地摇尾巴		0:08	跟随拍摄,低角度
3	小巷	主人公与小狗互动玩耍	主人公拿出小狗喜欢的玩具,小狗高兴地追逐		0:10	固定镜头,运动镜头捕捉玩耍场景
4	日落公园	主人公与小狗互动,背景音乐悠扬	主人公与小狗一同欣赏夕阳		0:15	跟随拍摄,运动镜头,日落特写

表4-3中的每一行都对应着短视频中的一个镜头,通过加入更多的情节和细节,如窗外逆光、小狗摇尾巴等,以及在不同场景中切换拍摄方式,使整个短视频更加生动有趣。通过合理的分镜头脚本,我们能够更好地呈现短视频故事,吸引观众的注意力,让他们更深入地参与其中。

3. 短视频的特征与剪辑制作流程

短视频制作与微电影相比,具有简单的流程、低门槛和高参与性,同时更具传播价值。相对较短的制作周期要求短视频制作团队具备较高的文案和策划功底。优质的短视频通常具备以下主要特征。

1)内容优质

直击要点:优质的短视频能够迅速进入主题,引起观众的兴趣,其内容直戳核心,不拖泥带水。

情感共鸣:视频内容具有情感深度,能够触发观众的情感共鸣,让其产生深刻的感受。

生活气息:通过生动的画面和真实的场景,短视频能够捕捉并展现生活的美好瞬间。

轻松有趣:话题轻松,表达有趣,使得观众在短时间内能够轻松愉悦,增加共鸣感。

2)互动性强

用户参与度高:视频内容易于理解,引导观众参与,如评论、分享或点赞。

低互动成本:互动过程简单,降低观众互动的门槛,增加用户参与感。

3)可延展性

模仿和复制:优质短视频具备被模仿和复制的潜力,使得内容能够在不同用户之间传播。

二次创作:视频内容具有创造性,可以被其他创作者进行二次创作,扩大传播范围。

出圈可能性:通过与时事和流行趋势关联,视频具备"出圈"的可能性,吸引更多的观众。

4)个性突出

独特风格:优质短视频有明显的个性和独特风格,使其在观众中具有高度辨识度。

品牌一致性:制作者在不同视频中保持一致的风格,形成自己的品牌特色。

艺术创意:视频制作者注重在表达方式上的创新,通过独特的创意吸引观众。

这些特征相互交织,使得短视频在短时间内能够引起观众的关注和共鸣,同时在社交媒体平台上产生更广泛的传播。

剪辑短视频的流程涵盖了多个环节,有助于确保最终短视频在视觉和听觉上都能够达到预期效果。我们可以将剪辑短视频的流程分为以下主要步骤。

(1)前期准备:明确主题和目标(为短视频制作设定清晰的方向)——收集素材(包括拍摄的视频、图片、音频等,确保素材的质量和内容与主题相符)——熟悉前期拍摄素材(了解拍摄场景和情节,为后续剪辑做好准备)。

(2)剪辑构架设计:在熟悉素材的基础上,结合脚本整理出剪辑思路和构架——确定短视频的整体叙事结构——考虑情节安排、镜头顺序、过渡效果等,确保故事流畅自然。

(3)素材导入和初步剪辑:将整理好的素材导入选定的剪辑软件中——进行第一轮的粗剪,拼接场景,选择合适的镜头,确保整体流畅性。

(4)精细剪辑与调整:进行第二轮的精细剪辑,调整节奏和氛围——实施减法,剪掉拖沓冗长的部分,使短视频更加紧凑——进行乘法,提升情绪氛围及主题,使短视频更具感染力。

(5)音频处理:调整音频,确保清晰适当,平衡音量——添加配乐,选择合适的音乐来增强短视频的效果——添加音效,使短视频在声音方面更加生动有趣。

(6)文字、特效和调色:添加文字、标题、图形等元素,以增强信息传达和美化效果——制作片头和片尾特效,根据需要添加其他特效——进行短视频调色,统一颜色校正,调整风格和氛围。

(7)预览和调整:在最终成品导出之前,预览整个视频并进行调整,确保效果达到预期水平。

(8)渲染和输出:将编辑好的短视频导出为适当的格式和分辨率——完成渲染和输出,生成最终成品。

4.3 深度解析各平台特点与内容发布策略

新媒体的蓬勃发展如同一道风景线,已经深刻融入我们的日常生活。通过社交媒体,我们能够与远在他乡的亲友分享生活中的点滴,感受到彼此的温暖;在视频平台,我们沉浸于各种创意、知识和娱乐,开启属于自己的学习和放松时光;微信、微博等新媒体平台则成为即时获取新闻、参与热门话题的窗口,将世界的多彩与变幻呈现在我们的指尖。

然而我们也发现不同媒体平台具有独特的特点,因此在发布新媒体账号内容时,需要考虑平台特点和受众习惯。以下是几种热门媒体平台的特点和相应的发布策略。

1. 微博

微博是一个强调即时性和社交互动的平台,用户通过短文本表达观点、分享生活,其中,140字以内的字数限制激发了用户言简意赅的创作风格;图文、音频、视频等形式丰富了信息传达方式。用户的互动行为如评论、点赞、转发等构建了庞大的社交网络,而平台上的热门话题和热搜榜直接影响着信息的传播效果。

所以在这个短时间内快速传递信息的平台上,发布的内容需要抓住用户的注意力,以简洁明了的形式引导关注,同时结合热门话题和视觉冲击力,提高信息的传播和互动效果(见表4-4)。

表4-4 微博平台发布的策略

发布的策略	描述	示例文案
简洁明了	利用有限字数表达清晰的核心信息,吸引用户的快速关注	新品发布!轻巧时尚,即刻点亮你的夏日。点击了解更多:(链接内容)♯夏日新品♯ ♯时尚潮流♯
话题引导	利用热门话题引导用户关注,提高文案在平台上的曝光度	独家活动倒计时!评论你最期待的礼物,赢取精美好礼一份!♯独家福利♯ ♯精美好礼♯ ♯倒计时开始♯
视觉冲击	利用图片或视频增加文案的吸引力,提高用户阅读和分享的可能性	用镜头记录每一刻美好。今天分享一张阳光明媚的瞬间,你的生活中有哪些美好呢?♯阳光记录♯ ♯生活美学♯
互动参与	鼓励用户参与互动,如评论、转发,以提高文案的传播效果	今天的话题:你最喜欢的旅行地点在哪里?快来评论区告诉我们!♯旅行心愿♯ ♯分享你的旅行♯ ♯话题互动♯

续表

发布的策略	描述	示例文案
时事关联	利用平台实时性,关联时事热点,增加文案的话题性	发布关于环保的新政策,我们一起行动,为地球尽一份心力!♯环保行动♯ ♯地球保卫战♯

2. 今日头条

今日头条是一款以个性化推荐为特点的新闻资讯平台,通过强大的算法分析用户的兴趣和行为,提供多样化的内容,包括新闻、娱乐、科技等领域,满足用户多元化的信息需求。平台支持短视频内容、社交互动、实时新闻报道,以及地理定位服务,为用户提供个性化、实时且丰富多彩的阅读体验。在平台进行精准的广告投放时,用户可以通过点赞、评论等方式参与互动,形成有趣的社交场景。这些特点使得今日头条成为一款受欢迎的新闻应用,在满足用户信息获取与娱乐需求的同时,保持着高度的个性化和互动性。

在今日头条上发布时,要注意吸引人的标题,突出内容的主要信息,搭配引人注目的图文内容,鼓励用户在评论区互动;确保文案结构清晰,利用时效性内容,保持品牌一致性,避免标题党,同时合规发布,以提高点击率和用户参与度(见表4-5)。

表4-5 今日头条平台发布的策略

发布的策略	描述
热点引爆	利用实时热点和用户关注领域发布相关内容,提高曝光度
吸睛标题	打造简洁且吸引眼球的标题,确保真实反映文案内容,引发用户点击的意愿
互动导向	引导用户参与、评论、点赞、分享,激发用户互动,提高文案的传播效果
多媒体亮点	利用图片、视频等多媒体元素,提高文案吸引力,为用户提供更丰富的阅读体验
个性化服务	根据用户的兴趣和偏好,个性化定制内容,增强用户对推荐内容的认可度
时效性把握	及时发布与时事相关的内容,保持新鲜感,吸引用户持续关注
数据驱动优化	利用数据分析工具,根据用户反馈调整文案策略,提升点击率和互动效果
社交共鸣	利用社交分享功能,鼓励用户在其他平台分享文案,扩大内容传播,形成社会化效应

3. 小红书

小红书是一款社交电商平台，以用户生成的内容为特色，用户可以分享购物心得、美妆技巧等，形成紧密的社区关系。小红书整合了电商功能，用户可以直接在应用内完成购物。该平台通过算法提供精准的个性化推荐，注重美妆和时尚领域，同时提供海外购物选项，满足了用户对国际商品的需求。其社交化的特点使得用户可以相互关注、互动，形成了一个充满分享和购物体验的社交平台（见图 4-8）。

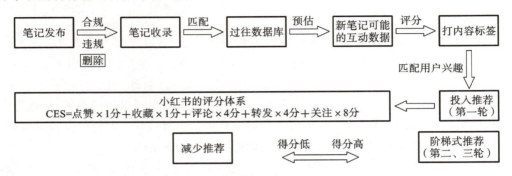

图 4-8　小红书评分体系（图片来自网络资源）

如果想在小红书中做好内容传播，关键点就是要理解平台的流量推荐机制，即内容标签匹配＋社交关系推荐。在小红书的评分体系中，权重最高的是关注，其次是评论和转发，再次是点赞和收藏。由此也可以推导出，决定小红书优质笔记的三个维度：阅读/播放量、互动率、转粉率。所以其发布策略如表 4-6 所示。

表 4-6　小红书平台发布的策略

发布的策略	描述	示例文案
引导互动	利用文案引导用户进行多种互动，包括点赞、评论、收藏、转发和关注，提高 CES	点赞表示你喜欢，评论分享你的看法，收藏保存方便下次阅读，转发让更多人看到，一起来互动吧
激发评论互动	鼓励用户在评论中留下深度和有趣的内容，以提高评论的质量和数量，从而提高 CES	分享你的购物心得，或者告诉我你最爱的美妆品牌是哪个？期待和大家交流
分享可转发的内容	将文案设计得容易被转发，包括引导语和分享的内容，以增加文案在平台上的传播，提高 CES	觉得有用的话，不妨转发分享给更多朋友，让大家一起受益

续表

发布的策略	描述	示例文案
强调关注度	突出文案中的内容定期更新、有趣且有价值,引导用户点击关注按钮,提高关注度和CES	喜欢这里的内容吗?记得点击关注,我们将定期更新有趣的内容给你
分享个人故事	通过真实的个人故事建立用户与发布者的情感联系,提高用户对文案的关注和互动,提高CES	今天分享了一个自己在旅行中的小故事,希望能够给大家带来一些灵感,喜欢的话别忘了点赞哦
提供有价值的信息	突出文案中分享的信息的独特性和实用性,吸引用户点击、点赞和收藏,提高CES	分享了一个最近发现的护肤小窍门,希望对大家有所帮助

4. 微信

微信是一款综合性社交媒体应用,以其多功能平台、即时通信、朋友圈分享、公众号平台、小程序生态、支付功能等特点而脱颖而出。用户可以在同一个应用中完成文字、语音、图片和视频消息的实时通信,通过朋友圈分享生活动态,体验便捷的购物支付,同时拥有广泛的社交创新功能。微信的安全性和隐私保护机制,以及不断推陈出新的特色功能,使其成为用户个人和商业领域中不可或缺的社交工具(见表4-7)。

表4-7 微信平台发布的策略

发布的策略	描述	示例文案
简短明了	利用有限字数表达清晰的核心信息,吸引用户的快速关注	新品上市,限时抢购中!♯限时特惠♯
个性化互动	通过表情符号、动图等个性化元素,增加文案的趣味性,促使用户产生互动	今天心情如何?用一个表情来形容吧!♯表情互动♯
话题引导	利用热门话题或与时事相关的元素,引导用户关注和参与,提高文案的曝光度	谁是你心中的♯最佳导演♯?评论告诉我们
感情化表达	在特定场景下,通过感情化的表达方式建立情感共鸣,增强用户对文案的共鸣感	在这寒冷的冬天,我们一起温暖彼此。♯冬日温情♯
图片视频搭配	结合精彩的图片或视频,提高文案的吸引力,形成更加生动的内容	这个瞬间太美了,用图片记录下来分享给大家!♯美好瞬间♯
引导用户行为	制作有呼吁力的文案,引导用户点击、阅读、分享等具体行为,提高用户互动率	点击下方链接,了解更多精彩内容!♯新鲜资讯♯

续表

发布的策略	描述	示例文案
朋友圈分享	鼓励用户将文案分享到朋友圈,形成社交传播效应	喜欢这个活动?快分享到朋友圈,一起参与吧!♯社交分享♯
互动引导	引导用户在文案中进行评论、点赞、分享等互动,促进文案的传播和用户参与	你的看法很重要,快来评论分享吧!♯用户互动♯

5. 抖音

抖音以其独特的15秒短视频形式和创意多样性成为一款备受用户欢迎的社交平台。用户可以通过丰富的音乐特效、挑战活动和实时互动功能展示创意,同时通过个性化推荐和地理标签连接全球用户。抖音不仅强调社交元素,支持用户之间的互动,还为创作者提供了成名的机会。其明星效应、广告合作和时尚潮流使其成为品牌推广和商业合作的理想平台,吸引了广泛的用户群体(见表4-8)。

表4-8 抖音平台发布的策略

发布的策略	描述
吸引开头	利用问题、引用名言或突出亮点,激发用户持续观看的兴趣
短小精悍	使文案简短明了,突出主题,确保在短时间内传达清晰的信息
情感共鸣	利用情感元素触发用户的情感共鸣,建立快速情感连接
创意亮点	强调短视频中的创意亮点,如特效、音乐搭配或有趣的表达方式
引导互动	鼓励用户参与互动,通过提问、邀请评论、分享等方式,促使用户与内容产生更直接的互动,提高传播效果
时事关联	结合时事热点和流行趋势,使文案更具话题性
引导分享	利用叙述引导用户分享,扩大内容的传播范围
挑战参与	鼓励用户参与平台上的挑战活动,提高用户互动度
明确CTA	提供明确的行动呼吁(CTA),如"关注我""点赞分享",以引导用户执行特定的互动行为
关键词标签	使用相关关键词和标签,提高短视频的搜索可见性
音乐选择	强调音乐的重要性,选择与视频内容契合的音乐,增强节奏感和情感共鸣

6. 哔哩哔哩

哔哩哔哩作为一家以动画、游戏、文化创意为主题的弹幕式视频分享平台，突出的特点在于弹幕互动，为用户提供实时评论和观看体验。其二次元文化定位吸引了广泛的二次元爱好者，形成了独特的社群氛围。哔哩哔哩鼓励用户成为 UP 主，分享各类创意内容，构建了丰富多样的内容类型，满足了不同用户的兴趣需求。平台年轻化、创新的商业模式和高质量原创内容的涌现使其成为一个活跃的社交平台，建立了紧密的用户社区。哔哩哔哩的支持创作者生态政策也为创作者提供了多重激励，使其在视频平台中占据一席之地（见表4-9）。

表 4-9 哔哩哔哩平台发布的策略

发布的策略	描述
弹幕互动引导	利用平台特色，鼓励实时评论互动，提高弹幕评论的参与度
创意开篇	在文案开篇处注入创意元素，吸引用户的注意力，激发好奇心
UP 主介绍	简要介绍 UP 主，包括风格、特长或关联社群话题，让观众了解 UP 主
话题引导	利用热门话题引导文案，与用户关注的话题建立连接，提高搜索效果
社群互动	鼓励观众在评论区分享看法、经验或相关内容，形成良好社群互动
奖励机制	利用平台奖励机制，激励观众积极参与，提高视频曝光度和提升排名
专题合作	宣传平台合作或参与热门专题、活动，吸引更多观众关注
内容亮点突出	强调视频创意亮点，如特效、独特剧情，提高用户期待感
定期更新提醒	提醒观众定期关注 UP 主的更新，通过倒计时或亮点激发期待
跨平台分享	鼓励观众在其他社交平台分享哔哩哔哩视频链接，扩大传播范围

7. 知乎

知乎是一个以知识分享和深度讨论为特色的社交问答平台。在这里，用户能够提出各种问题，寻求专业、有深度的回答，并参与多领域的社群讨论。平台注重高质量内容，实行实名制，使得用户能够以真实身份分享见解，提高内容的可信度。知乎内容广泛涵盖学术、科技、生活等领域，用户通过关注话题、问题和其他用户，构建个性化的内容流。其互动性强，用户可以点赞、评论，形成丰富的讨论氛围。知乎通过细化问题、引入专栏和 Live 等功能，不断拓展内容形式，使平台成为知识分享和交流的重要场所（见表 4-10）。

表 4-10　知乎平台发布的策略

发布的策略	描述
高质量内容	知乎的内容必须具有高质量、深度、原创性，以及与知识分享和讨论有关的特点
实名制	知乎要求用户使用真实身份发表问题和回答，以确保内容的可信度和专业性
话题和问题	知乎覆盖了广泛的话题和问题，用户可以关注感兴趣的话题和问题，从而获取和分享知识

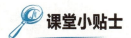

怎样才能创作优质短视频呢？①

作者：甜薪工场。

互联网的下半场，也是短视频的主战场，内容营销贯穿整个品牌的传播、销售、运营的每个环节，有质量的内容成为短视频平台的核心竞争力，也是最艰难的部分。想要通过短视频内容实现引流获客转化就需要创作优质的内容，优质内容的创作说难也很难，但是说不难其实也很简单，只需要大家对爆款内容进行拆解、模仿，然后形成自己的风格。

如何做有价值的内容营销？

①创造新鲜体验：展示世界上新鲜事与另一种生活，带给用户新的认知和动力，激发用户的好奇心。

②引发情感共鸣：引发情感链接，加强用户黏性，表达真情实感。

③提供信息资讯：汇总有质量的实时资讯，在这个快节奏、碎片化的浏览习惯中尤为重要。

④呈现令人认同的价值观：视频是展示价值观的一种形式，可以获得用户认同，增强黏性；也就是说，需要给用户带来具有独特价值、有质量、有情感、有体验的时间。

另外，创作优质短视频内容也需要具备三个核心条件。

第一个条件：好玩有趣的短视频吸引观众的敲门砖是有趣。现在生活节奏过快，人们生活压力巨大，越来越多的人通过看短视频来放松、休闲、打发时间。这也说明了娱乐消遣是短视频用户的首要需求。娱乐的本质就是好玩有趣，只有满足了这两个本质条件才能使人心情放松，同时还能促使用户主动分享转发。没有人在放松心情之余还喜欢严肃和说教类的视频，快手为什么刚出来就火爆半边天，就是因为其娱乐性极高，通过好玩有趣、幽默搞怪的方式吸引第一批短视频用户。

---

① https://www.zhihu.com/question/396556348/answer/3295360243。

第二个条件：获取信息/知识。在用户碎片化阅读的互联网时代，获取知识的途径具有多元化。也有大部分人希望通过看短视频来获取对自己有用的信息，从而扩宽自己的知识面。这就是为什么越来越多的平台鼓励短视频创作者进行知识创作和科普分享，让用户可以通过互联网工具提升自身知识获取量。所以说，有价值的干货分享也是短视频创作吸引用户的重要条件。在碎片化的时间里，还能获取自身知识量，何乐而不为？一些做得很成功的，诸如美妆、育儿、美食这些领域的短视频创作者就做得很成功。它们既树立了自身品牌，又使其公信力得到了用户的认可。

第三个条件：有创意。短视频创作者想要吸引大量粉丝关注从而产生流量变现，这就需要短视频具有创意。一个拥有独特创意的短视频才能帮助品牌获得更多的粉丝，如果缺乏内容创意，那么你的视频将会被埋没，文案也会成为附庸品。现在消费者的要求越来越高，他们更加追求生活品质感。当你的视频元素丰满，调性高大上，会增加在用户心中的好感度，甚至会激活一个产品在市场的影响力。

在进行短视频创作时，以下几个关键技巧是至关重要的。

突出亮点：由于短视频的时间短暂，创作者需要在极短的时间内吸引用户的注意力。因此，创作者在创作时务必突出短视频的亮点，让观众在短时间内感受到惊喜和吸引。例如，在主流短视频平台（如抖音、快手等）中，短短几秒到一分钟内设置精彩的剧情反转成为亮点，是吸引用户关注的重要元素，也是爆款短视频的常见策略之一。

角色扮演：通过角色互换、模仿和对口型等方式创作出对比强烈的视频，产生让人难以忘怀的效果。在短视频中，角色扮演通常通过即兴表演，将创作者置于不同社会地位，增进观众对角色的同理心，赢得认可。

集合优化：将其他创作者的爆款视频元素通过组合和优化，制作成新的短视频。这种策略关键在于模仿其他成功视频的创作方式，组合成新的内容，并在此基础上进行微创新，以取得更好的效果。

紧跟热点：分享与时下热门话题相关的知识、经验、方法、策略、技能等内容，以吸引具有垂直兴趣的受众，提高短视频的关注度。

内容模仿：创作者找到对标的账号或作品，分析其中的经典元素，并通过学习和模仿，创作出类似或相近的短视频。这种方法可以借鉴成功案例，进行升级和创新，提高短视频的创意水平。

情感共鸣：短视频可以通过情感共鸣来深度打动观众。因此，创作者在创作中要注重情感的真挚表达，让观众能够产生共鸣。通过引发观众的情感，可以更深层次地吸引他们与内容产生连接。

综合考虑以上几点，创作者能够成功制作引人瞩目、富有创意且能触发情感共鸣的短视频。

4.4 新媒体内容传播

创作出优质的内容是新媒体营销的基础，但是只有将内容传播出去让用户看见，这才是成功的内容营销。道格凯斯勒在《内容皮条客日记》当中写道:"质量、相关性以及时效性,只影响的内容成功的 42%～67%,而另外的因素,则是让受众注意到你的内容。"其中,"注意到"就是传播所要解决的问题。

更简单来说,传播就是把内容投放到用户能看见的渠道上去。因此,寻找合适的投放渠道就变得非常的重要。提高新媒体内容传播度的技巧有以下三种。

1. 构建自媒体传播矩阵

"自媒体矩阵"是自媒体从业者或品牌在多个平台上建立的一个庞大而多样化的网络,旨在通过多渠道、多平台的传播策略,扩大内容的覆盖范围,提升品牌曝光度,吸引更多受众。这种构建通常涵盖了在不同的社交媒体平台上创建账号,如微信公众号、微博、知乎、抖音、YouTube 等。每个账号都针对不同的内容形式和目标受众,形成独立而有针对性的传播渠道。

1)构建自媒体矩阵的意义

首先,相对于单一平台自媒体,自媒体矩阵更容易获取更多流量。它通过覆盖社交媒体、视频、音频等多个平台,扩大了内容曝光面,吸引了更广泛的用户群体,提高了品牌和内容的可见度。同时,当用户在一个平台接触品牌后,通过其他平台的推广,增加了深入了解品牌的机会,提高了用户转化率。

其次,自媒体矩阵的建立优化了推荐机制,拓宽了流量池。由于每个平台的推荐规则和受众有差异,通过在不同平台上调整内容,能最大程度发挥每个平台的推广效果。这不仅增加了流量获取的途径,还有效扩大了整体流量。

2)构建自媒体矩阵的方法

该方法需要根据不同的渠道进行规划。

首先,双微平台是最简单、直接、高效的组合模式,主要以微信和微博为主。微信公众平台能够通过连接人、物、场景的运营模式,提供便捷的服务方式;而微博是一个开放性平台,适合作为企业的发声平台和进行引爆式炒作。

其次,资讯类自媒体平台如今日头条、一点资讯等具有较大的流量,适合发表软文类内容,树立企业形象,并可导流至微信公众号。这类平台对内容形式要求较为严格。

最后,视听平台包括视频、直播和音频三类。视频平台如抖音、快手,直播平台如斗鱼、虎牙,以及音频平台如喜马拉雅 FM、荔枝 FM,都是自媒体的主力。品牌广告主可以利用视频平台制作互动型创意视频,也可以利用直播平台与用户产生互动。

在众多自媒体平台中,构建自媒体矩阵需要根据个人能力和粉丝关系强度进行规划。构建一个合理有序的自媒体网络,其考虑的因素有以下几个方面。

(1)要考虑不同内容对应的用户触媒习惯。不同用户群体有着不同的兴趣和偏好,如科技用户更关注新颖的科技信息,彩妆用户偏好视频和美妆平台,而知识型群体则注重深度的知识传递。了解用户的网络触媒习惯是构建自媒体矩阵的重要前提。

(2)明确自身宣传需求和各平台的功能特点。自媒体平台各有侧重点,需要根据传播目的选择合适的平台。明确哪些平台用于曝光,哪些平台用于引流,哪些平台用于传播产品信息,这是构建自媒体矩阵的重要步骤。

（3）不要追求平台数量，而是以质取胜。真正有效的自媒体矩阵不仅仅是数量的堆积，更需要注重内容运营的质量。创作者不要急于扩充平台数量，而是要深耕一两个自媒体平台，精心运营内容，确保高质量的传播效果。

因此，在布局新媒体矩阵时，务必在明确账号内容与品牌定位的基础上，深入思考所选平台的特点，考虑内容是否符合目标用户的兴趣，以及发布内容的目的是什么。只有通过精心策划和高质量的内容运营，才能构建出真正有价值的自媒体矩阵，实现一呼百应的传播效果。

2. 分享技巧的嵌入

尽管网络已经大大地增加内容被传播的机会，但并不能保证一定会被大量用户喜欢和分享。因此，在策划和制作内容时，我们需要运用一些技巧，以提高内容的吸引力和传播性。这样，虽然不能确保绝对成功，但至少能够增加内容在网络上被发现和关注的可能性。这需要我们在内容中嵌入一些分享的因子。

1）新奇而有趣的内容

新奇、有趣是内容营销的利器。这种特质表现为内容的新鲜、前所未见、奇异，或者是独创性十足。这样的内容更容易引发自传播，因为人们对于新颖事物的好奇心和关注度较高。

然而，"新奇"需要作为一种战术手段，因为即便再新奇的内容，时间久了也可能让观众习以为常。要保持长期价值，需要内容回归到"共情"和"有用"的层面，只有当新奇的内容成功建立了个性化形象的价值，才能够保持持久的有效性。在内容制作领域，"有趣"表现为内容本身富有趣味性，或者通过有趣的呈现方式来吸引观众。在泛娱乐内容主导的平台，如抖音，内容是否具有趣味性已经成为其衡量标准之一。这也表明在内容创作中，趣味性是一项至关重要的品质。

2）引发情感共鸣的内容

引发情感共鸣是指在网络传播中利用情感元素引发观众情感共鸣，在传统广告中或许被认为不实用的情感类内容，在网络传播上却展现出强大的效果，甚至能够实现免费传播。所以我们发现网络短视频平台能够获得千万次转发的内容，往往具有与观众建立共情关系的能力，打动观众的情感。人们更容易为引发情感共鸣的内容点赞，而点赞的增多会触发系统自动向更多人推荐，形成正向裂变式、滚雪球式的传播效应。

"共情"要抓住两个关键点：个人化的潜意识情感和群体化的亚文化情感共识，最好能同时具备这两者。潜意识情感通常极为纯粹，涵盖了爱、欲、恨等，或者具有强烈的文化集体意识，能够让人在不经意间产生共鸣，愿意表达情感并点赞。

蜜雪冰城爆红刷屏：源于躺平年轻人群的共情

谁能想到呢，这个"默默无闻"的茶饮品牌，已经在全国开了1万多家门店。2019年，蜜雪冰城做到了65个亿的营收和8个亿的净利，吊打还在亏损的奈雪的茶。

"蜜雪冰城甜蜜蜜"到底有多火？说到最近蜜雪冰城的刷屏，最主要的原因，还是因为其官方在哔哩哔哩发布的蜜雪冰城中英双语版主题曲MV。该MV很简单,就两句歌词在重复:"你爱我,我爱你,蜜雪冰城甜蜜蜜。I love you,you love me,Mixue ice cream&tea。"

除了哔哩哔哩,抖音、微博也成为蜜雪冰城这次营销的主要平台。尤其在抖音,与蜜雪冰城主题曲的相关话题视频,已经获得了16亿多次的播放。在主题歌曲有超高热度的时候,蜜雪冰城在父亲节期间发起了给爸爸唱首主题曲的活动,以及在门店前唱歌送冰激凌等话题,精准地抓住了传播时机。从蜜雪冰城来看,其品牌所针对的是下沉市场,即年轻的人群或者校园的饮食区,它的产品定价有着非常大的吸引力和优势。

这也难怪网友们说"它不嫌弃我穷,我也不嫌弃它 low"。近几年来,年轻用户群体不断发明出一些颓丧的概念,从"佛系"到"丧"再到"躺平",比起996搞钱买房生小孩,多数年轻人渐渐认识到能按照自己的喜好生存已经很不容易了。

而蜜雪冰城的平民化,也就在这样的年轻群体文化背景中得到了共情。

3) 有用且权威的内容

强调"有用"的内容通常表现为对人们有真实帮助,能够形成知识社群。例如,某小家电品牌若仅仅宣传产品的优越性,难以持续吸引粉丝。相反,它通过分享有用的生活窍门,可能引发不断的自传播,形成并积累粉丝基础。这种"有用"的内容有两个关键点,首先是先利他,通过提供对他人有益的信息或帮助来实现自身利益;其次是长期有效的多维输出,包括文章、漫画、音频、视频、直播等形式。

同时,在创作有用内容时,引用权威来源也是一种有效的策略。通过引用权威的数据、观点或来源,可以增加内容的可信度,使其更容易被人们信任和分享。这种权威性的内容往往更具有吸引力,因为人们倾向于相信和传播具备专业背景或权威认可的信息。因此,结合"有用"和权威性,可以使内容更容易被分享,并在受众中产生更广泛的影响。

直播超20万人"围观""门诊实录"超吸粉

看病、手术、科研,马不停蹄的医生们向来给人严肃权威的形象,但随着网络短视频的发展,许多医生展现出了自己的另一面:工作时在医院问诊、手术,空闲时自编自导自演健康科普短视频,发布在网络平台,有的甚至将门诊的经历拍成视频作品。生动、通俗、直观的医学知识分享,不但使许多患者受益,还让更多网友听得到、听得懂,通过网络科普传递健康知识和生活方式。

"大家好,我是孙医生,今天这个话题我准备了很久,是关于腰疼……"视频里,一位身穿手术服的男医生将腰痛的复杂原因用大白话娓娓道来。就是这样一条短视频,上线当天播放量就超过1000万,到目前为止浏览量已经达到2000万。这个视频里的医生成为抖音平台粉丝量超过40万的"科普达人",他就是青大附院脊柱微创中心副主任医师孙元亮。通过视频作品,我们可以看出孙元亮的表达能力很强。他的科普内容细致且充满"干货",并喜欢以讲故事的形式分享在工作中遇到的病例。按照他的说法,要用普通大众听得懂的语言做科普,"和伪科学争夺粉丝"。

3. 搜索引擎优化(SEO)策略

　　SEO策略是一项关键的数字营销策略,旨在通过优化网站内容,提高在搜索引擎中的排名,从而增加内容的曝光和发现性,引导更多有针对性的流量。SEO策略的核心目标是提高网站在搜索结果中的排名,使其在用户搜索相关关键词时能够更容易地被发现。

　　通过优化网站内容,提高在搜索引擎中的排名,以提高内容的发现性,引导更多流量。SEO的核心策略有以下几个要点,简单来说就是帮助你的网站在搜索引擎中更容易被找到,从而提高排名。

　　(1)关键词优化:了解你的目标受众使用哪些关键词,巧妙地在网站内容中使用这些关键词,这样搜索引擎能更容易理解网站的主题。

　　(2)内容质量:提供有价值、高质量的内容。好的内容不仅有助于提高排名,还能让用户更愿意留下来,并分享和推荐。

　　(3)网站结构优化:确保你的网站结构清晰,容易导航。这有助于搜索引擎更快地了解你的网站的层次结构。

　　(4)内部链接:在网站内使用内部链接将相关页面连接起来。这有助于传递权重,同时优化页面之间的关联性。

　　(5)外部链接:获得来自其他权威网站的外部链接。这能提高你的网站的权威性和可信度。

　　通过这些方法,你可以让搜索引擎更喜欢你的网站,从而提高在搜索结果中的排名。

　　以上三种技巧共同构成了综合而有效的新媒体内容推广策略,确保内容以高质量、相关性和时效性为基础,同时通过自建矩阵、分享互动和搜索引擎优化来吸引受众的关注。

第 5 章　标题构思——优质标题的表达技巧

随着新媒体行业的发展,短视频头部市场已相对趋于稳定,导致入场选手难以找到突破性的入口。在这种情况下,虽然大家纷纷谈论精细化运营、组织协同作战、粉丝质量和用户全生命周期价值,但对于大多数短视频创作者来说,更现实的问题是如何快速提升新媒体内容的点击量。但是我们知道,粉丝总量不是短时间内可以提升的,用户朋友圈平均好友量不是一时半会就能优化的,它们需要长期筛选用户,渗透圈层。而要想提升内容质量和其他因素,则需要更长的时间和更大量的投入。

但是,文章标题可以由自己决定,其优化更容易、见效快,直接决定内容的点击率。因此,要快速提升一篇文章的阅读量,我们可以尝试优化标题。标题是影响点击率最重要的因素之一,通过一些实用的方法如群策群力、借鉴爆款文章标题、在标题群进行投票、在粉丝群测试等,能够在短时间内实现标题的优化。因此,在短时间内,标题优化是提升文章阅读量最为有效的手段。

5.1　标题的形态:从核心到碎片

5.1.1　文化作品中的标题

对于广义的文化作品(或文艺作品)来说,标题既是它的"面子"也是它的"里子"。

一个文化作品,无论是一本小说、一部电影还是一首歌曲,"标题"是受众最先接触到的内容。你开始阅读一本小说时,首先看到的是小说的书名,也就是标题。你翻开书本进行阅读时,首先看到的也是第一章的标题,然后再往下读第一章的具体内容。同样,你看一部电影时,最先看到的也是电影的名字,电影名就是一部电影的标题。有的读者会说,极少数的电影是在电影播放完毕后才显示出它的名字——但你别忘了,你在正式看电影之前,先看到的是电影的海报,海报里面最大字号的字一定是电影的名字。或者说,你在购买这部电影的电影票时,你已经知道了它的名字。

不仅如此,当你欣赏完这本小说、这部电影、这首歌曲,你想推荐给身边的朋友(也就是再次传播)时,你告诉朋友的一定是它的"标题"(如书名、电影名、歌曲名)。我估计不会有人是通过不谈这本小说的书名,而是背诵里面大段文字的方式——无论这些文字写得再精彩——来推荐这本小说吧?

所以,标题是文化作品的"面子",是文化作品留给受众的第一印象。就像人与人的见面、外貌、穿着、谈吐是留给对方的第一印象，有好的第一印象，才会有好的第二次接触。职场人士通常西装革履，提着公文包，这就是要给商务伙伴良好的第一印象。文化作品也一样，有良好的第一印象，才会让受众能够顺利地过渡到下一个阅读阶段，进入到文化作品的具体内容中去。也就是说，好标题才能引发受众的兴趣去阅读观赏整个作品。

著名的文学大师莫言在2012年10月成为首位中国籍诺贝尔文学奖获得者，一时间，社会上掀起了一阵"莫言热"，书店纷纷上架莫言过往的作品，很多学生家长也成批地购买莫言过往的作品，让自家小孩去阅读，希望能够获得大师的熏陶。莫言过往的作品中有一部1996年发布的小说，名叫《丰乳肥臀》。就因为这个标题，很多家长并没有仔细看里面的内容，就从购买清单中将这本以母亲为主人公的书剔除了。莫言的《丰乳肥臀》中写的是一个生了八个女儿的母亲的故事。母亲的"肥臀"生了这些女儿，母亲的"丰乳"哺育了这些女儿。而这些女儿长大后，连同她们的丈夫，所带给母亲的只有无穷尽的灾难和痛苦。作家把母亲描绘成一位承载苦难的民间女神，她生养的众多女儿构成的庞大家族与20世纪中国的各种社会势力发生了枝枝蔓蔓的联系，并被卷入20世纪中国的政治舞台。"乳"和"臀"被作者隐喻为母亲对女儿们的"养"和"生"，"丰"和"肥"既表达了母亲对子女的无私，同时女儿们长大后对母亲的"回馈"在这里形成了强烈的反差。所以，"丰乳肥臀"这四个字是对整个故事最聚焦、最简明扼要、最具丰富内涵的表达，同时展现了莫言作为一位大师的深厚功力。

讲这个故事，不是为了讨论对错，更没有批评莫言给这部作品取错名字的意思，只是想告诉大家，标题作为第一印象的重要性。同时，标题也是文化作品的"里子"，也就是说，标题是文化作品全部内容最聚焦、最简明扼要、最具丰富内涵的表达。

最聚焦，就是标题要直指作品的核心表达。聚焦本是一个摄影术语，这里是指将要表达的内容非常清晰地呈现在受众面前，而对这个内容的周围，不是表达重点的方面进行模糊化处理。任何一个文化作品，包括新媒体时代的流量化内容，都一定要有一个明确的内核。这个内核是作者想要表达的中心思想，也是作品吸引受众的关键因素。它就像是一剂良药中最关键的那个治病因子。无论在内容上如何五花八门，如何如十八般兵器般的表达，但在标题的创作上，一定要一语中的，一定要直击内核，而对于非核心的内容，通通主动忽视。

最简明扼要，就是能用一个标点符号一个字母表达清楚的就千万不要用一个字，能一个字表达清楚的就千万别写两个字，总之，就是将最简单的内容传递给受众。因为内容越简明扼要，传播的半径越短，理解的难度越低，再次传播的可能性越大。为什么耐克运动鞋的广告（广告也属于文化作品）主要突出的就是它的LOGO，即一个勾。因为耐克运动鞋是大家熟知的内容，它的品牌优势、产品力，大家都清楚，那么耐克需要再告诉大家一个什么内容呢？就是最简单的LOGO符号，这就是耐克运动鞋广告这个文化作品的标题。

最具丰富内涵，就是标题在既能聚焦核心，又能统领内容的同时，也能给读者延展出更多的理解和思考。一个标题虽然只有几个字，但当受众接收到这几个字时，却能延展出一千字的自我理解。例如，人民日报有一篇报道的标题叫做"短视频 勿短视"，这个标题虽然只有6个字，但它言简意赅、观点鲜明，有态度、有立场，通过巧妙地重复"短视"两个字，就把本报对短视频这个热门现象的理性思考高度凝练地表达出来了。

视频号"壹线成都"曾经发表过的一篇名为《金牛区，闷声干大事》的短视频，它的标题就有这样的特点。这篇短视频阐述的是成都市金牛区在2023年城市建设中的一些成绩。因为金牛区地处成都市西北方向，给成都市民的传统认知是水平不及锦江区、高新区这些区域，可以说，知名度相对差一些。而"闷声干大事"五个字，暗含着一种大众也许并不知道，但建设者们确实是在默默努力付出，并已经做出一些成果的意思，给大众传递了"看了这篇短视频后，你就会改变对金牛区的看法"的暗含信息（见图5-1）。

图 5-1　短视频标题

5.1.2　互联网时代的标题

在谈互联网时代的标题之前，我们先要知道互联网时代的最大特征是：信息被撕碎了，一股脑全扔给你。

1. 信息的碎片化

什么叫撕碎了？就是你难以获得完整的、系统的信息。

首先，这背后有经营者利益的原因。

以前，你买一本小说一定是一次性获得了这本小说，只要你有意愿，你可以接连三天不睡觉一口气看完它。后来，在报章时代，出现了报纸连载小说，比如金庸先生的小说最先就是在报纸上连载的。这时，你就没办法一次性获得完整的小说故事内容。出现这个情况有以下两个原因。一是报纸的版面有限，在刊登金庸小说的同时，报纸需要同时刊登前日的新闻、时政等其他内容。如果全刊登的是小说，报纸就不是报纸了，而变成了大开本的小说。二是基于商业经营的考虑。报纸的经营者希望通过连载小说的方式，将阅读者吸引住，让他们养成每一期都购买这份报纸的习惯。这在互联网时代叫做引流。早前的电视台每日播放两集电视连续剧也有这两个原因：电视台时段有限，有的时段需要留给新闻节目、综艺节目，所以连续剧只能播放两集。同时，电视台也可以用连续剧来吸引观众。

但在互联网时代，互联网产品从诞生之初就自然规避了上述的第一种原因。哪怕是最早期的互联网网页式门户网站，它也可以设置不同的频道，如新闻、教育、留言社区等，甚至在新闻这个频道之下,还可以细分成社会新闻、财经新闻、体育新闻、娱乐新闻等。互联网产品从一开始就不存在版面、时段的限制。发展到今天,从技术层面上讲,无论是抖音、快手,还是哔哩哔哩、小红书等 App,只要经营者愿意,完全可以一次性把信息完全发送出来供受众"享用"。而实际是,在互联网上,电影电视剧被分割成无数段短视频发送出来;一篇新闻报道被分割成三段进行播放,而每一段又有很大一部分都是重复的内容;一篇文章只公开展示三分之一的内容,想要看完全部内容,需要注册、关注,甚至成为会员才行,这些情况逐渐成为互联网上的常态。这都是互联网经营者(平台)和内容创作者(博主)出于引流、导流的想法,想要与观众之间建立更强的黏性,故意将信息"撕碎了"。

其次,互联网信息的创作源具有多元化。特别是当自媒体出现后,媒体平台的井喷状态在带来信息的及时性增强等优势的同时,也由于创作源的水平参差不齐和创作源的出发点、角度各异等原因,导致信息不完整、不系统。

互联网时代出现的一些新词更能说明互联网信息碎片化的特征,比如"反转""打脸""实锤"等。反转,就是之前的信息不完整,后续补充了完整的信息后,发现信息表达的内容发生了完全的转变。打脸,是由于在信息不完整、不系统的情况下就作出了判断,得出了结论,当信息全部释放后发现判断错误,结论失真。实锤,是由于打脸的事情经历多了之后,受众不敢再轻易下结论,而是在等待全部信息出来之后发现信息前后一致时的感受。

最后,信息被撕碎的第三个原因是来自信息创作源的主观行为。

这与第一点中互联网经营者(平台)和内容创作者(博主)想要与观众之间建立更强的黏性而将信息分割后分批、分时推出不同,与第二点中创作源由于自身水平、出发点各异导致信息不完整、不系统也不同。这个原因是创作源纯粹为了吸引眼球、增加流量,故意将信息的完整性和系统性破坏,甚至将真实性也进行破坏,制作出骇人听闻的内容。这是一种令人不齿的互联网乱象,而"标题"又深受其害,典型反面案例就是"互联网标题党"。因为制作一个吸引眼球的标题是一种最简单且有效的方法。通过使用夸张、情色、悬疑、反常等手法制作标题,可以激发人们的好奇心、恐惧等反应,从而促使他们点击进入。

"速看,马上停播!""内部资料,多少钱都买不到""名人离世,原因让人震惊!""能保命"……在微信群、搜索引擎和各类信息平台上,时不时就会遇到这类标题夸张的文章链接,点击进入后,文章内容往往名不副实,甚至有些就是谣言。"标题党"有多疯狂?概括地说,就是东拉西扯、大惊小怪、危言耸听、无中生有。例如,"太可怕了!死亡率100%,很多人家里都有!一定要看!",讲的其实是狂犬病的常识;而"央视沉痛播放,住电梯的都看看吧……",讲的则是安全乘坐电梯的事,与"央视"和"沉痛"没有任何关系。现实中,由于内容真假难辨,不少人都会抱着试试看的心态,在网文的指导下安排自己的生活。尤其是在养生、健身、饮食等方面,微信公众号已经成了很多中老年人奉为圭臬的行为导师,要么自律,要么不厌其烦地拿来教导子女。

虽然"标题党"在网络上十分常见,但它的存在却给公众带来了诸多不利的影响。相较于传统媒体,网络时代下的"标题党"更具有诱惑力、传播力。因此,它对公众和社会的危害也更大。具体来说,"标题党"往往会引发社会恐慌,误导公众观点,降低社会信任度。因此,我们应该对"标题党"现象进行整治。

2. 信息的大爆炸

互联网时代,信息除了有碎片化的特征,还有信息大爆炸的特征,这就是前文所说的"一股脑全扔给你"。当初,马云在国外第一次登录互联网时,在上面输入"beer"这个单词,里面显示的信息没有一款啤酒来自中国,那时候我们国家的互联网还处于萌芽状态。以前,在网络上搜索信息时,你担心的是,怕搜索不出相关的信息。经过这么多年的发展,互联网上的信息已经呈现出极度膨胀的局面,现在担心的不是搜不出信息,而是信息太多了。无论是在电商网站搜索一款很小众的产品,还是在搜索引擎上寻找一个"小"新闻,都会给你呈现出极其多的结果。多,不一定是好事。因为要从纷繁复杂的信息中寻找到对自己有用的信息,就需要你一条一条地点开,浏览完点开的每一条信息后,再分析、对比、总结,才能挑选出你需要的那一条。多,带给我们的不是便捷,而是烦琐。

以前我们知道的盲人摸象的故事,一头大象,不同的盲人只能感受很小的一部分,需要将所有人的信息有机地结合起来,才能拼出一头完整的大象。而今天,互联网信息在碎片化和大爆炸两个特征之下,别说大象,就是"一只小蚂蚁"般的信息,也会被解构成无数个碎片,而每一个碎片都会以无数种角度呈现在互联网上面。所以,如果你想要在互联网上了解"一只小蚂蚁",它有可能给你反馈10万多条信息,只能你自己去慢慢梳理。互联网让"小蚂蚁"般的信息变成了"大象",同时让我们变"盲"。

5.2 优质标题的四个原则

通过对文化作品的标题的学习,我们了解到,标题是吸引受众鉴赏文化作品的第一步,是引入内容的敲门砖,也是内容的提炼和概括反映。同时,互联网信息碎片化和大爆炸现象进一步提醒我们,在互联网自媒体信息创作中,对于标题而言,我们既要遵从普遍文化作品在标题创作中的艺术化要求,也要贴合互联网信息时代的市场化要求。

"娓娓道来"这个成语表达的是,当内容足够充实、生动的时候,讲述者可以不着急,慢慢讲给听众来听。这是传统文化作品中,当内容达到一定高度后,可以展现出来的从容不迫。而当一个人要讲述的内容不是足够扎实时,他只能通过提高音量,大声讲出来,才能吸引周围人群的关注。

所以,在互联网时代,当很多无效信息,甚至垃圾信息都进行高声宣扬的时候,我们不但要注重内容的充实、生动,也必须要提高音量大声说出来。有质量的内容加上洪亮的讲述,你的作品才能在互联网上快速广泛地传播。

下面我们讲到的四条原则,就是探讨在互联网时代,如何在新媒体作品的标题上做到有质量的内容和洪亮的讲述。

5.2.1 知己

当你在创作一个互联网新媒体作品的时候,一定是内容先于标题。就是先有了内容,再基于内容去创作标题。这是一个重要的创作顺序。

这里说的内容在先,并不一定是整个新媒体作品已经撰写完成或拍摄剪辑完成,但至少是已经构思完成。作为创作者,我们要先明白我们将要创作的内容是什么,从简单的时间、地点、人物、事件,到更为深层次,如作品内容的中心思想、作品的舆论引导目的等。这些内容是创作的前置动作,在有了这些内容之后才能进行标题的创作。

很多人在创作中注重天马行空的思维,为了创意而创意,在内容一片空白时,就开始拟定标题,然后再"命题作文"。到最后,他们往往是对标题无法切实落地,创作了一个文不对题的作品;或者是待作品完成了七七八八再改掉标题。

在传统文学作品的创作中,我们谈到的标题是内容最聚焦、最简明扼要、最具丰富内涵的表达。这条定律用在互联网新媒体作品的标题上更是如此。而这三个"最"最后达成的效果就是"直接",也就是说,既然互联网时代的信息被碎片化,那一定要直接点。我们观察一些互联网短视频创作中的特点:一些新闻化的短视频内容,一般会把最后的结果或者最具冲突的那一个画面放在最开始的 3 秒内播出来,然后在接下来的视频里面将整件事情从头开始"娓娓道来"。其实在用手指滑动就能进入下一条内容的互联网短视频里,最开始的 3 秒内的内容就是整条短视频的标题。创作者需要将最精彩、最吸引人的内容"直接"拿出来,也许在拿出来时,观众还有点丈二和尚摸不着头脑,不过没关系,只要能吸引你看下去,那么 3 秒钟之后该视频会按应有的逻辑,把事情给你讲清楚。

如果做个统计,将"注意看"三个字放在文案最开头的短视频一定是最多的。这就是最赤裸、最不讲艺术的,用直接喊话观众的方式来吸引观众看下去。这就是互联网新媒体作品对"直接"这个特点的应用,不要扭扭捏捏,不要起承转合,要的是一击即中。

但"直接"并不代表没有内涵,放弃艺术。腾讯视频号"星球研究所"是一个在国内互联网界知名的城市博主,做过很多特别有深度、有传播力的城市报道内容。在 2023 年 10 月至 11 月,星球研究所接连做了三篇关于四川绵阳的新媒体内容,其中一篇视频是《绵阳:雪山下的侠客之城》。一方面,绵阳只是西部地区一个非常普通的地级市,哪怕放在四川省范围内与宜宾、泸州等地级市相比较,也不能称其处于遥遥领先的地位,更不要说在全国范围内来对比。但另一方面,绵阳有个极其特殊的点,它是国之重器"两弹"的研发地。在世界范围内,"两弹"可以算是一个国家自卫的底牌,这是绵阳最值得骄傲的特点。既然是最骄傲,要讲绵阳就一定要讲这个特点,但如何讲呢? 因为,这个特点如果讲得好,绵阳能底气十足地上台面;如果讲得不好,有可能把绵阳这座城市与军工科研单位画上等号,毕竟绵阳不只是两弹城。在这里,星球研究所的创作者们的功力就体现出来了——绵阳江油里的青莲镇是唐朝诗人李白的故里,他们将"两弹"与"李白"联系起来。好似千百年前,李白那首《侠客行》里"事了拂衣去,深藏身与名"的浪漫诗句,就是写给千年后的邓稼先、王淦昌、朱光亚、于敏这些做出巨大贡献,却又无比低调务实的"两弹一星"元勋们。推而广之,"侠客"一词,赋予了绵阳这座科技城浪漫的色彩,肯定了绵阳的功绩,而且增添了一些低调的稳重。当然,标题中"侠客之城"与"雪山下"之间的看似矛盾却又统一的并列,也是神来之笔,带给受众对绵阳这座城市美好的想象。

这就是创作标题中"知己"的典型案例。这个创作者,所知的"己"还不只是这一篇视频的内容,而是绵阳这座城市,包括她的历史、她的现在。当你对这些内容有了融会贯通的认知,才能用几个看似普通的词语进行简单的组合就创作出优秀的标题(见图 5-2)。

图 5-2　绵阳:雪山下的侠客之城

5.2.2　知彼

所谓知彼,就是对互联网新媒体的受众有所了解,知道他们是谁,知道他们的需求,知道他们的痛点。

中国互联网络信息中心(CNNIC)在北京发布第 52 次《中国互联网络发展状况统计报告》(以下简称《报告》)。《报告》显示,截至 2023 年 6 月,我国网民规模达 10.79 亿人,较 2022 年 12 月增长 1109 万人,互联网普及率达 76.4%。可以说,互联网网民的审美、意见,基本就代表了主流的民意。其中,有几个数据特别需要引起我们从事互联网新媒体的从业者的注意。

截至 2022 年 6 月,我国农村网民规模为 2.93 亿,占网民整体的 27.9%;城镇网民规模为 7.58 亿,占网民整体的 72.1%,较 2021 年 12 月增长 1039 万。从城乡地区互联网普及率来看,截至 2022 年 6 月,我国城镇地区互联网普及率为 82.9%,较 2021 年 12 月提升 1.6 个百分点;农村地区互联网普及率为 58.8%,较 2021 年 12 月提升 1.2 个百分点。由于我国社会城乡二元结构,城镇和农村的生活方式有比较大的差别。互联网流行一个说法,高考语文不会出现"冰激凌""巧克力"这些内容,因为来自农村的学生有可能完全不明白这些词语的意思。这就是这种差别的现实反映,所以在互联网新媒体内容创作上,我们也一定要注重这种差异带来的新媒体内容在传播上的差异。

而 2022 年中国网民的年龄结构占比情况,30~39 岁的网民占比第一,达到 20.3%;40~49 岁的网民占比第二,达到 19.1%;20~29 岁的网民占比第三,达到 17.2%。也就是说,90 后的人是互联网的绝对主力,80 后和 00 后的人是其补充。我们观察 80 后、90 后、00 后的人在成长中经历的比较重大的一些事件:20 世纪 90 年代我国正式接入国际互联网,1997 年香港回归,1999 年澳门回归,进入新千年的第一个十年,我国加入了 WTO,北京奥运会和上海世博会顺利召开,2010年之后4G、5G陆续商用,智能手机不断普及,移动互联网成为大众日常。整个发展过程就是互联网技术不断提升,互联网使用率不断提高,以及国家不断发展,人民生活水平不断提升,与国际社会更广泛的互联互通的步调。所以,对网民年龄结构的分析,其内核是对其成长环境的认知,这就使得我们应该思考,什么样的语言方式、什么样的沟通表达,才是互联网新媒体内容创作、标题创作的根本。

当然,还有一个数据值得我们关注:根据国家统计局的统计,截至2022年底,我国60周岁及以上的人口总数为2.8亿,其中至少每两个老年人就有一个人接触了网络。同时,伴随着我国社会老龄化不断深入,可以看到,未来老年人将逐步成为互联网的主力军。如何讲好老年人的故事,如何服务好老年群体,是着眼于未来的互联网人应该深入思考的。这是一个比较复杂的内容,在这里就不展开详细讨论了。

所以在标题撰写中,要编写引人入胜的标题,必须摆脱自身立场,转变为读者的角度,即换位原则是制胜的关键。如果自己是读者,会使用什么关键词进行搜索,这是开展标题创作的首要步骤。因此,新媒体文案撰写者在动笔前,建议先在搜索引擎中输入相关关键词,深入了解读者的需求和提问,通过仔细研究排名靠前的文案,可以发现潜在的标题创作规律。如果将这些规律融入自己的文案标题中,不仅能更贴近读者心理,还有助于提升内容在搜索排名中的位置。因此,实现换位思考是打造吸引人内容不可或缺的一环。

5.2.3 基于传播

一条互联网新媒体内容必须要自带"传播力"!

有些事情,无论你怎么精细打磨它的内容,它都会因为不具备传播力而注定失败;但另一些事情,即使轻描淡写,也能获得巨大影响。这就是传播力。

什么样的事情,它天生就具有传播力呢?

2023年在互联网娱乐领域发生了两件看似不相关的事情,一件是以"0713再就业男团"为团名的2007年湖南卫视快乐男声节目的6名40岁以上的歌手,在沉寂了16年后重新翻红,并参加了2024年央视春晚。另一件是持续11年,拥有如刘欢、那英、汪峰、周杰伦等绝对一线艺人为导师的浙江卫视知名音乐节目《中国好声音》在一片舆论质疑中,被迫停播。

如果将"0713再就业男团"和《中国好声音》的硬指标拿出来逐项分析,通过对比SWOT,无论如何都是后者更具有传播力。但为什么有名师助阵,有成熟赛制,有浙江卫视系统化宣传的《中国好声音》会中断,而"0713再就业男团"却可以翻红?其部分原因就是"参与感",这也是互联网新媒体传播的核心要义。

"0713再就业男团"虽然是16年前的选秀歌手,但他们是观众用手机短信一票一票选出来的,虽然缺乏代表作等很多原因致使他们在过去16年没能火起来,但只要他们在大众传媒中露面,就能勾起曾经粉丝的回忆。他们6人从参加真人秀《蘑菇屋》开始,就不断地有诸多过往回忆的场面再现,这些不但是他们娱乐圈出道的"考古",也是对粉丝(互联网受众)成长记忆的"考古"。这些内容都有属于受众独特的感受,所以注定被追捧。与其说大众在追捧这6名歌手,不如说是在追忆自己的过往。而《中国好声音》的赛制模式,制造的是打动导师的歌手，这与 80 年代的青歌赛没有本质的区别，特别是更有过之而无不及地将导师放在极其权威的位置——你不打动我，我甚至连转身面对面听你唱歌都不愿意。整个内容里面只有导师和歌手，没有观众。这种将内容创作者（参赛歌手）与内容接受者（观众）隔离的做法，不论在电视传媒中是否正确，还是在歌手选拔上是否可行，但绝不是互联网思维的做法。那么在电视媒体早已让位于互联网传播的今天，《中国好声音》的没落也就显而易见了。

传播力除了参与感，还有新闻性原则。大家一定听过一个戏谑的说法：一条狗咬了人，不是新闻；一个人咬了狗，就是新闻。这个说法非常形象地说明了新闻性的特征，意料之外、不同寻常。

有个典故，宋朝汴京街头一个卖环饼（俗称"馓子"）的小贩，每日挑着担子在大街小巷里经营生计，想要在这大都市里赚一份好生意，他怎么叫卖才有好生意呢？他叫卖的内容是："亏便亏我也（亏了我也卖）"！这不但给他带来了好生意，还因为叫卖内容有新闻性、有传播力，引来了衙门的官差对他进行盘查。

我们来分析这一句"亏便亏我也"。它并不是产品物理属性的提炼，也没有对使用产品的场景进行解读，因为这些内容是固定思维。你说你的环饼好吃，我相信没有哪一个卖环饼的人说自己的环饼不好吃，你的竞争就变成了华丽辞藻的竞争。你说吃了你的环饼气定神闲、止咳化痰，但这个环饼达不到这些功效。所以这个小贩将传播聚焦于产品的商业属性，而且不仅谈表象（卖价或优惠），还谈内核、谈结果——亏着卖！这一角度就让这个叫卖具备了相当的新闻性——亏本卖绝不是常态——那意料之外、不同寻常就是新闻性。

2024 年贺岁档电影《热辣滚烫》也是在其他电影铺排明星做宣传的老套路之中，找到了自己的"意料之外、不同寻常"，将电影的导演兼主演贾玲为了剧情减肥 100 斤作为核心进行宣传。我们可以将电影的前宣视为整个影片的标题，《热辣滚烫》就找到了一个具有极强新闻性的标题。

5.2.4 基于算法

既然我们讲的是互联网新媒体的传播，就一定要面对一个背景，那就是我们所有的新媒体内容的发布平台都有自己的推流规则。无论你创作的内容多精彩，如果不符合平台的推流规则，你创作的内容就无法被更多的人看到；如果触碰了规则的敏感地带，甚至会被平台限流屏蔽。例如，你可以尝试在腾讯视频号讲讲抖音的用法，或者在抖音直播卖奢侈品，保证平台一个流量都不会给你。

下面我们以抖音的推流算法及规则解析讲一下抖音标题拟定的方法。在互联网时代，抖音作为国民级的短视频软件，吸引了大量的内容创作者。然而，面对大量视频的上传，抖音必须要对内容进行筛选和推荐，以确保用户能够浏览到自己喜欢的视频。这时候就需要用到抖音的推荐算法。

抖音的推荐算法主要依据五个维度进行评判，分别是：完播率、点赞数、评论数、关注数、转发数。这五个维度的基本分都是 100 分，视频在进行对比时，会根据总分高低进行推荐。

例如，某个创作者上传了一部视频，该视频的完播率达到了 95%，点赞数达到了 500（超过 100 取 100 分），评论数达到了 200（超过 100 取 100 分），关注数达到了 100，转发数达到了 50。那么，这部视频的总分数是：95×100＋100＋100＋100＋50＝9850。接下来，系统会将这个分数与同类标签的其他视频进行比较，谁的总分数更高，那么谁就获胜，从而获得更多的推荐，然后再对比、再推荐，越到后面越激烈，如果输了自然就会停止推荐。

完播率对视频的推荐影响很大。因此，建议将视频时长控制在 10 秒钟以内，这样可以方便用户快速观看，从而提高完播率。

新开账号的权重一般都是 300～500 的播放量。为了提高权重，需要持续更新内容，等待某个视频的播放量特别好。例如，某个创作者上传了一部视频，该视频的播放量突破了 1000，那么之后发布的作品的播放量就会在 700 以上，播放量会有明显的提高。如果播放量突破了 10000，那么账号发的作品可以轻易地破千过万。所以做新媒体是一步一个脚印的过程。

另外，抖音本身就有可以购买的导流方式：dou＋。应用 dou＋ 还有一个小技巧，如果你点击"投 dou＋"，它提示你此视频不适合上热门，那么你这个视频的内容就是有问题的。所以，可以用"投 dou＋"的方式来验证你的视频内容的创作是否合格。

在标题的创作上，还需要有一个兼顾思考，即标题是给平台看的，为了获得平台更多精准推荐，获得更多的曝光；同时，标题也是给用户看的，为了让看到的用户为我们的视频停留，并点赞、评论、转发。抖音是人工智能审核加人工审核双重审核机制。所以，我们创作的标题首先是要给机器看的，主要就是在视频标题当中插入一些核心的关键词和话题，好让抖音给我们的作品打上标签，推荐给更多精准的人群。例如，视频内容是女性＋穿搭，那么系统就会优先推荐给女性，使观看你的视频的人群更加精准；也能让用户很好地了解你的视频主题，更好地让用户停留。

总之，抖音的推流规则是很严格的，但只要我们按照规则创作，就一定可以取得不错的效果。

5.3 如何写出有吸引力的标题

要做好新媒体内容，关键在于学会拟定引人入胜的标题。之前，我们了解到互联网时代信息传播的特征及标题拟定应遵循的原则，那么，如何写出具有吸引力的标题呢？毕竟，一个标题如果在 3 秒内不能吸引读者，那么可能就会失去展示自己的机会。接下来，我们将结合一些拟定标题的方法和经验，向大家介绍七种有效的方法。

5.3.1 权威型标题

采用专业口吻，突显文案的权威性是一个行之有效的策略。在撰写标题时，以具有资深经验的学者或专家的形象来表达内容，能够为读者呈现出一种专业而可靠的感觉。这种写法使内容更具有吸引力，让读者更愿意深入了解。权威型标题有以下几种模板，如表 5-1 所示。

表 5-1 权威型标题及描述

类型	描述	注意事项	例子
观点型	以表达专家观点为核心,通过专家名字和个人观点吸引读者	注意精准使用专家名字,确保观点具有吸引力,避免过于普遍的观点	李医生亲述:坚持每日锻炼,保持身体健康的秘诀
经验型	强调读者在阅读中获得知识、学到技能,或从文案中汲取经验和总结以提高个人能力	提高逻辑思维,确保文案具有权威性和学术性,避免使用过于普遍的经验,防止大量复制知识	高效项目管理:沟通与协作的实战经验分享
指导型	针对具体事务提供解决建议或方法,吸引新人或对未知领域感兴趣的读者	注意专业性,适度插入广告,避免硬性广告植入,避免直接复制他人文案	摄影新手必读:打造惊艳照片的光影构图指南
励志型	通过讲述故事吸引读者,以激发动力、打破困难的方式呈现	避免刻板模板,确保真实性和激发读者激情,不必照搬模板	创业不孤单:成功创业者分享的奋斗故事
鼓舞型	通过鼓动性的词句,号召人们快速作出决定,传递鼓舞的力量	注意文学修辞,保持积极向上的精神面貌,避免读者感到强迫,确保语句适当	改变从今天开始!迎接挑战,创造成功人生的第一步

以上五种模板的标题各具特色,能够满足不同读者的需求。在发布作品时,我们需确保标题与内容相符,避免误导读者,以建立可信度。同时,创作时我们要注意不同类型的特点,以更好地吸引目标读者。

5.3.2 夺目型标题

在拟定新媒体内容标题的时候,我们也可以采用夺目型标题的方法,让标题看起来不可思议,给人以夸张的感觉,从而吸引人们的注意力,让人们产生强烈的一窥究竟的欲望。如果要让标题达到这种效果,需要掌握以下几种类型,如表 5-2 所示。

表 5-2 夺目型标题及描述

类型	描述	注意事项	例子
警告型	强调警示作用,使用有力、严肃的词汇,如"千万不要""危险"	在标题中增加震慑力,避免过度使用负面词汇,引发读者对潜在风险的关注	千万不要忽视!隐藏在你日常饮食中的危险食物,了解这些可能威胁你健康的罪魁祸首

续表

类型	描述	注意事项	例子
数字型	在标题中嵌入具体数字,产生直观的冲击感	利用具体数字传递信息的直观性,激发读者好奇心	5大令人震惊的事实!你绝对想不到这些数字背后的真相

让人气愤的标题党

在网络媒体上,我们常常遇到那些看似引人瞩目的标题,吸引我们点击进去,却发现内容与标题严重不符,这就是所谓的"标题党"现象。网友们对于这种手法表现出强烈的排斥和反感。下面以一些例子为证。

《为了考研,99%的大学生晚上都会这样……》

实际内容:学生为了研究生考试,复习到深夜。

这种标题充满了夸张和引人猜测的成分,吸引读者点击,但却只是揭示了大多数学生晚上用于考研复习的常态。

《震惊!一家25口凄惨遭遇!》

实际内容:生物专业小白鼠的解剖报告。

这个标题让人联想到一家25口的真实生活故事,但实际上,内容却是关于生物实验中对小白鼠进行解剖的报告。

这种标题党现象让读者感到十分失望和气愤。因此,作为文案创作者,我们应该远离这种欺骗性的手法,以真实、准确、有趣的标题吸引读者,给予他们一个令人满意的阅读体验。

5.3.3 含蓄型标题

含蓄型标题是指撰写标题时不直接明了地将要传达的内容在标题上表达出来,而是通过一些暗示或者提示进行文案标题创作。

如果采用含蓄型标题,那就必须掌握以下几种类型,如表5-3所示。

表5-3 含蓄型标题及描述

类型	描述	注意事项	例子
悬念型	在标题中引入未解之谜,埋下疑问,激发读者好奇心	确保文案内容能满足读者期待,提供令人惊奇的答案,避免引起读者失望	你的早餐可能正在害你!这种常见食物竟是健康杀手

续表

类型	描述	注意事项	例子
隐喻型	使用比喻手法,使标题更具创意和更加新颖	使用合理的比喻,确保读者理解并产生共鸣	文案七宗罪
问题型	以提问的形式呈现问题,引导读者思考	确保问题直接与文案内容相关,激发读者好奇心,增加点击阅读的可能性	为什么不让你

5.3.4 "体"字形标题

"体"字形标题,可以帮助大家创作出更好的标题,如表5-4所示。

表5-4 "体"字形标题及描述

类型	描述	例子
急迫体	传递紧迫感,促使读者立即阅读	紧急通知!过会就删,这个技巧让你秒变高效人士
如何体	以"如何"字样引导读者分辨文案内容,增强明确性	如何利用5分钟提升工作效率?实用技巧一网打尽
负面体	揭示困难并提出解决方案,激发读者克服困难的欲望	面对失败,这6步帮你找到人生新方向
福利体	传递读者能够从文案中获取好处的感觉,分为直接福利体和间接福利体	直接福利体:限时福利!免费领取高效学习法则,提升学业成绩! 间接福利体:导航人生成功的秘密法则,实现自己的梦想

5.3.5 "式"字形标题

"式"字形标题及描述如表5-5所示。

表5-5 "式"字形标题及描述

类型	描述	例子
集合式	对文案内容进行总结分类,直接在标题中写出分类后的具体数字	10种手影构图技巧,让你的作品更有层次感

续表

类型	描述	例子
半遮掩式	在标题中透露文案内容的一部分，给读者留下一点小悬念	爆笑一刻！这个梗居然有×××
揭露式	揭露某件事物或人隐藏的不为人知的秘密的标题	唐山大地震真相揭秘：历史背后的惊天秘密！ 炒房真相揭秘：你不知道的房地产内幕

5.3.6 "性"式标题

"性"式标题及描述如表 5-6 所示。

表 5-6 "性"式标题及描述

类型	描述	注意事项	例子
解释性	将标题分为两部分，前半部分给出信息，后半部分解释	确保前半部分引人好奇，后半部分具体解释内容，让读者获得价值	人体为什么会产生厌食感？解释背后的科学原理，让你秒懂
专业性	在标题中嵌入专业性词语，传递专业价值	确保专业性词语准确，吸引目标读者，同时避免过度专业，从而导致一般读者难以理解	Linux 操作系统深度解析：探寻开源技术的奥秘，程序员的必读
趣味性	使用有趣的词语，营造轻松、欢快的氛围	保持趣味性的同时，确保词语与文案内容相关，避免"标题党"	小仙女必备！轻松 get 一口气的可爱妆容技巧，让你秒变甜美公主
针对性	针对某一主体提供问题的解决方法	了解目标读者群体，确保解决的问题对他们有实际帮助	宝妈福音！婴儿护理新技能 get，轻松照顾宝宝不再是难题

5.3.7 其他类型

其他类型标题及描述如表 5-7 所示。

表 5-7 其他类型标题及描述

类型	描述	注意事项	例子
新闻式	正规、可信，具有权威性	语言简洁直白，概括事件要点；提供时间、地点、事件的基本信息	重大突破！科学家成功合成新型材料，或颠覆能源产业格局

续表

类型	描述	注意事项	例子
对比式	将两种产品或事物进行对比,突出优势	对比要客观公正,突出产品或事物的优劣;可加入其他类型标题方法,提升吸引力	手机大PK:苹果 vs 安卓,谁更胜一筹
白话式	直奔主题,直接陈述文案核心主题,适合关注度高的平台	标题要直观传达文案主题,节省读者浏览时间;保持清晰简洁,让读者一目了然文案要传达的信息	减肥食谱大揭秘:科学健康瘦身不是梦

5.4 标题撰写误区

在学习新媒体标题撰写时,作者需谨慎避免三大常见误区。标题的失误可能对播放率产生不可小觑的影响。以下是这三大误区的详细介绍以及如何更好地避免它们。

5.4.1 标题切忌含糊不清

在新媒体标题的创作中,作者应避免表述含糊,以防给读者增加阅读负担。为了吸引读者,一些作者可能过度追求标题的新奇,导致标题语言模糊不清。

表述含糊指的是语言不确定,或者表达方式模棱两可。模糊的标题使读者难以理解文案主旨,阅读起来缺乏重点。因此,标题创作时需确保清晰表达,明确文中的重点,如人名、地名、事件名等。只有通过清晰地表达,读者才能快速了解文章主题,提高整体阅读体验。

5.4.2 标题切忌无关词汇

在新媒体创作中,一些作者为了增添标题趣味,常常将与主题毫不相干的词汇巧妙地融入其中,试图吸引读者的眼球。尽管这种策略在一开始可能勾起读者的好奇心,诱使他们点击查看文章内容,然而随着时间的推移,读者渐渐对这种标题中掺杂无关词汇的做法感到厌烦。这种现象对于品牌或产品而言,可能会带来长期的负面影响。因此,在新媒体文案标题的撰写过程中,撰稿人务必避免将与主题无关的词汇随意插入标题,而是应该巧妙结合词汇与内容,确保标题既引人入胜又紧扣主题。只有这样,文案标题才能真正成功,避免成为所谓的"标题党",从而确保读者对文案的持续关注。

负面表述误导读者的例子如下。

误导性标题:(原标题)"致命错误!这款化妆品差点毁了我的皮肤"。

问题:文章内容实际是个人对单一化妆品过敏的个案,而标题使用了极端的词汇,给读者造成了整个化妆品行业都存在巨大问题的印象,误导性较强。

积极健康标题:(调整后标题)"护肤新发现!这款化妆品让我的皮肤更有光泽"。

改进:文章内容突出个人体验,并表达积极的效果,使标题更加真实,没有夸大化问题。

5.4.3 不当的比喻引发质疑

在新媒体内容创作中,经常会运用比喻式的标题,这种方式能够使某一主题更具体、更生动,具备将抽象概念转化为具体形象的强大能力。因此,采用比喻的标题形式有助于读者更清晰地理解文案标题中所涉及的内容,以及作者想要传达的思想和情感。这对于提高文案的阅读量也起到了积极的作用。

然而,在运用比喻式的新媒体文案标题时,需要特别注意比喻是否得当。作者在追求用比喻式标题吸引读者注意时,常常会遇到比喻不当的问题,即本体和喻体之间缺乏联系,毫无相关性。

在新媒体文案标题中,一旦比喻不当,作品就难以达到预期的效果,文案标题也就失去了存在的意义。这不仅会使读者难以接受,还可能因为比喻不当而引发读者的质疑和困惑,从而影响新媒体的运营效果。因此,在创作过程中,必须谨慎选择比喻,确保其与文案主题紧密相关,以确保标题的准确表达和读者的深刻理解。

假设一个作者在新媒体平台上发布一篇关于自我发展的文章,试图用比喻式标题来吸引读者的关注。

原文案标题:"人生如同翱翔的鹰,追寻自我巅峰"。

然而,这个比喻可能存在不当之处,因为翱翔的鹰与人生的自我发展之间的联系并不明显,读者可能因此感到困惑。为了改进这个标题,可以重新梳理语句,使比喻更为恰当。

改进后标题:"人生的征程,如同行进的登山者,在攀登巅峰的路上勇往直前"。

这样的改进使比喻更贴近主题,读者更容易理解作者想要表达的内容,也避免了比喻不当可能引发的读者质疑和困扰。

第 6 章　图片美化与排版设置

在当今数字化时代,新媒体内容的美化与巧妙的排版设计不仅是创造视觉吸引力的手段,更是构建深层次品牌认知、促进用户互动、传递清晰信息的不可或缺的要素。通过精心设计的视觉元素和结构化布局,我们能够在瞬息万变的数字平台上打动受众,创造令人难忘的在线体验,从而在竞争激烈的新媒体环境中赢得关注与信任。本章主要从图片美化与排版设置两个方面进行分析。

6.1　图片美化,精彩纷呈

在实际操作中,我们发现仅仅有好的内容不一定能被用户看到,最简单有效的方法是将内容搭配上图片。因为图片比文字更直观、易理解,也更美观。在产品推广中,图片的作用是无法被文字替代的。

随着时代的进步,当跳转的页面出现一系列符合推送主题、用户审美标准、激发用户好奇心的封面图,就能够增加新媒体平台的关注度与曝光度,那这些优质的图片需要具备哪些基本特征呢?著名广告大师大卫·奥格威提出的3B原则:beauty(美人)、baby(孩童)、beast(动物)。奥格威通过实践发现,这三种图片最能吸引人的注意。人们普遍对美感充满吸引力,男性被漂亮的女性吸引,女性也爱慕英俊的男性,美丽的形象能带来愉悦;孩童的纯净心灵能引起人们的保护欲望;而动物的自然、野性的魅力能引发人们的兴趣。

3B原则迅速得到人们的广泛认同,成为国际传媒创意的重要法则。因此,在产品推广中,巧妙运用这一原则,通过美、纯真和自然的形象,能够更有效地吸引目标受众的关注。

6.1.1　遵循图片的制作规范

在进行图片设计时,必须遵循特定的制作规范,一是简洁大方的画面,二是图片重点突出,三是具备强烈的视觉冲击感,以确保最佳的视觉效果。如果主图未按规范制作,将导致流量难以转化为销量,对销售而言是较大的障碍。因此,在设计商品主图之前,必须考虑商品主图制作规范,以确保其视觉效果设计达到较高水平。

在设计过程中,要谨慎避免标注过多复杂的产品信息,因为杂乱无章的信息标注会使图片显得价值感低且缺乏内聚力。在主图上过度放大促销、优惠、商品特色等信息,甚至占据了比产品本身更大的面积,不仅会影响搜索页面的美观,还会降低商品的视觉效果。因此,根据商品类目进行主图制作规范对于流量转化至关重要,尤其是对一些已经具有影响力的品牌。这些品牌通常会在主图的固定区域放置品牌标识,如图 6-1 所示将商品主图放置于空白处。这一做法有助于引导消费者关注产品本身,并促使流量更有效地转化为实际销售。

图 6-1　商品类的标注主图(图片来自网络资源)

6.1.2　商品主图引领品牌突围

在当今社交媒体激烈竞争的环境下,只拥有一个吸引眼球的标题已经远远不够,主图的吸引力对于阅读率来说至关重要。不管是在小红书、微博的多图中的首图,还是微信公众号的封面图,抑或是在哔哩哔哩视频网站的视频封面图,用户看到的有关内容的最核心的图都显得尤为关键。

主图的关键在于突出内容的要点和整体内容,而图片内容的吸引程度则因人而异。然而,主图如果存在质量模糊等问题,都会直接影响到阅读率的提升。因此,主图的设计需要注重吸引力,以确保用户在第一眼看到时就被深深吸引,从而激发其浏览的兴趣。

传统企业在树立品牌时投入巨大,而新媒体平台的品牌宣传则应避免与传统企业过度竞争资金。通过商品主图突显品牌标志成为一种行之有效的方式。图 6-2 所示的是小米商品主图,它们巧妙地将品牌标志置于画面左上侧,吸引新顾客关注,同时为老顾客提供熟悉感,促进销售。这样的设计为品牌宣传和推广打下了坚实基础。

6.1.3　图片关注重点,潜移默化中塑造用户心理

在新媒体运营中,图文设计和图片选择是其关键步骤。重点展现消费者的关注点对于吸引新媒体用户来说至关重要,因为富有关注点的图片更容易引起用户的关注,为用户提供卓越的视觉感受和体验。所以,不同关注点的商品主图在悄然间会影响消费者的心理感受,引导他们从不同的角度关注商品(见图 6-3)。

6.1.4　图片信息分层,提升品牌吸引力

无论是新媒体平台的宣传广告,还是各类推送文案中的图片,信息的呈现应该有明确的

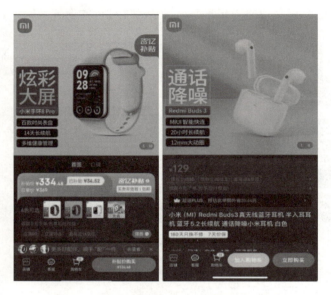

图 6-2　小米品牌主图展示（图片来自网络资源）

消费者关注因素	特点与偏好	图片案例
价格	格外关注商品的价格及打折力度，注重经济实惠，追求性价比	
品质、质量	特别留意商品的质量、口碑、舒适度等，重视购物体验，注重品质的享受	
时尚元素	看重商品是否符合或超前于流行趋势，追求个性化，关注时尚与个人品位的匹配	

图 6-3　关注点类型展示主图（图片来自网络资源）

主次关系，而不是随意分布。对商品信息进行分层处理有助于实现三个主要目标：提升商品的实际竞争力，吸引消费者关注并提升品牌认知度，扩展影响力。简而言之，合理分层处理有助于保持信息的清晰度，使之更具吸引力。

商品主图的信息通常较为简单，包括商品图、品牌标志和简洁的文案。例如，图 6-4 所示的是百雀羚护肤品主图。而有些商品主图可能会加入促销等信息，这时需要在页面设计中对各种信息进行分层处理。

图 6-4 中，该设计首先将商品本身置于中心位置，其次是吸引注意力的商品特征"锁水保湿"及促销信息"买 1 套送 1 套""买贵退差价"，最后是品牌标志展示在图 6-4 的左上角。

如果不对商品主图的信息进行分层处理，消费者将难以迅速抓住视觉营销的重点，可能失去对商品和品牌的信心。因此，分层处理有助于提高信息传达的效果，使消费者更容易理解和关注商品的关键信息。

图 6-4　百雀羚护肤品主图(图片来自网络资源)

6.1.5　形成独特氛围的艺术,商品主图构图的巧妙分隔

在商品主图的设计中,构图的设计是至关重要的,因为不同的构图方法能够引导消费者的注意力,形成截然不同的视觉氛围,为消费者呈现多样的视觉享受。

以服装类商品的视觉营销为例,分隔构图法被人们广泛运用。在新媒体平台的页面限制下,运用分隔构图法将画面分割成几个部分,以全面展示商品的各个方面。图 6-5 所示的是分隔构图法在视觉设计中的应用。

图 6-5　分隔构图法(图片来自网络资源)

采用分隔构图法的优势显而易见:一是能够全方位展示商品特点,让消费者更加放心地购买;二是能够展示产品的不同颜色和款式,从而吸引消费者的关注。尽管分隔构图法主要在服装类商品的视觉设计中使用,但也不排除其他类别的产品可以巧妙地采用这一构图法。

通过巧妙的构图设计,商品主图不仅能够满足消费者对商品全貌的需求,还能在有限的画面中展示丰富多彩的产品特色,形成独特而引人注目的商品氛围。

6.1.6　真实状态,图片后期处理的精细化

在新媒体平台运营中,编辑可以使用多种后期处理软件对图片进行精细化处理。在追求美观和调性时,过度修饰的图片可能被视为有虚假嫌疑,反而不能为内容加分。但完全不加修饰,只强调图片的真实性也并非明智之举。

相较之前被批评过"滤镜太过"和"颜色失真"的现象,如今在小红书平台上涌现了许多

无滤镜、无美颜的博主,他们发布素颜试色、试装等真实内容。图 6-6 所示的是一些无滤镜的分享图片,强调"真实"的内容更容易受到用户的欢迎。小红书的内容推荐并没有严格的规则,平台没有对图片进行干预。然而,"真实"对于小红书而言是一种受用户喜好的友好态度,因为只有真实的内容才能建立更深的连接。那么,究竟什么样的图片才算是"真实"的呢?一位网络红人分享了她的经验,她的照片大多数都是在真实自然的状态下,通过巧妙运用光线拍摄而成。这样的内容更容易受到其他用户的喜欢,因此她通常在下午 3 点至 5 点之间拍摄。

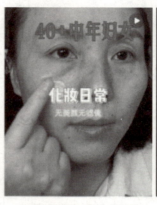 

图 6-6　无滤镜图片(图片来自网络资源)

在构成图片中,"美观"和"真实"是相辅相成的关键元素。在保持真实前提下适度美化,是修饰图片过程中相对稳妥的做法。在新媒体平台运营中,编辑可使用多种后期处理软件,如 Lightroom、美图秀秀、光影魔术手、Adobe Photoshop 等,对图片进行适度修饰,使其更具吸引力和美感,可以为文章增色不少。

课堂讨论:你认为适当美化的"度"在哪里?如何衡量这个标准?

6.1.7　巧妙搭配的图片颜色

为了吸引读者注意,新媒体平台运营者在选择图片时需注重巧妙的颜色搭配。色彩的选择对于图片的吸引力至关重要。

适宜的颜色搭配可以使图片看起来更吸引人,给读者带来愉悦的阅读体验(见图 6-7)。在新媒体平台运营中,我们应该注意以下三点。首先,图片的颜色应引人注目。明亮的图片色彩有助于营造轻松、愉快的阅读氛围,符合读者的喜好。其次,图片的颜色与内容基调相符。图片的颜色应与文章内容协调,避免与文章氛围不符。最后,避免图片的颜色过于杂乱。大多数新媒体平台会根据自身风格或文章内容来确定图片配色,确保读者对平台产生深刻的印象。

第 6 章 图片美化与排版设置

图 6-7 封面图色彩搭配(图片来自网络资源)

6.1.8 至关重要的图片尺寸容量

在新媒体平台运营中,为了提供最佳的用户体验,编辑在选择图片时需细致考虑,特别是选择合适的图片大小,不能盲目跟风,而需要从不同角度仔细考虑。这种考虑可以在保持高分辨率的同时,确保快速加载,满足用户期望,提升用户满意度和整体阅读体验。在选择图片时,编辑不仅要注意颜色,尺寸也至关重要。精美的图片除了色彩需要协调柔和,还应清晰可见,并且其尺寸要符合读者期望,适应固定版面布局。

为了保持清晰度,图片尺寸应当适中,我们需要提高分辨率确保图片的高清效果。有一种巧妙的方法是利用截图功能,通过结合快捷键保存图像,从而得到普通大小的高清图片。这样的处理方法既能保证图片的高清效果,也不影响用户的流畅阅读。

自媒体各种图片尺寸合集

1. 小红书

小红书背景图:1000 像素×800 像素。

小红书封面配图:1232 像素×1660 像素。

小红书头像图:400 像素×400 像素。

小红书封面(竖版):1242 像素×1660 像素。

小红书封面(横版):800 像素×600 像素。

小红书配图(竖版):900 像素×1200 像素。

小红书配图(横版):1200 像素×900 像素。

小红书配图(方版):1080像素×1080像素。

2.微信

微信公众号头像:240像素×240像素。

微信公众号封面:900像素×383像素。

微信公众号小图:200像素×200像素。

3.视频号

视频号封面(竖版):1080像素×1260像素。

视频号封面(横版):1080像素×608像素。

条漫:1000像素×2500像素。

4.微博

微博主页封面图:980像素×300像素。

微博头条封面图:980像素×560像素。

微博焦点图片:540像素×260像素。

微博长图:800像素×2000像素。

5.公众号

公众号内容引导图:900像素×500像素。

公众号二维码名片:600像素×600像素。

6.1.9 内容生动的动图

在编辑新媒体文章时,很多运营者喜欢插入GIF格式的图片,这种动态的图片能够有效吸引平台的读者。相对于传统的静态图,GIF格式的图片更具表达力,能够演示一个动作的整个过程,因此其效果更为生动。

通常,技巧类的文章更需要动图的点缀,原因有以下两点:一是技巧类文章本身较为冗长,如果文字表达不够生动,读者容易失去兴趣,此时加入动图可以有效吸引读者注意;二是技巧类文章在讲解知识时,常涉及某些用文字难以生动表达的情境,而动图可以对其进行生动地解释,使难题迎刃而解。在选择动图类型时,需要将它与文章内容相匹配,还要辅以表情包,虽然整体操作的难度系数略高,但其效果明显。

6.1.10 图片与文字相结合,为文章增色

长图文形式是通过图片与文字相结合,提高文章阅读量,为文章增色的一种形式。所以,许多知名品牌企业也经常利用长图文进行新品宣传和推广。长图文在各种新媒体平台上获得更多关注、吸引更多粉丝的方法有三个优势:图文融为一体,整体性强;图文相辅相成,使内容更加生动;信息呈现更加简洁,让读者一目了然。微信公众平台大多采用的是长图文形式,有些公众号甚至以此建立自己的独特模式和风格,以吸引读者和粉丝,如图6-8所示。

图 6-8　公众号的长图文(图片来自网络资源)

6.2　排版设置,优化阅读

当我们谈到新媒体内容创作中的排版设置时,这并不仅仅是外表的美化,更是关乎读者是否能够顺畅、深入地理解你所传达的信息。好的排版是内容传递的媒介,能够让读者更愿意停留、阅读和与内容互动。以下是排版设置中一些详细的指导。

1. 可读性

保持良好的可读性是排版设置中首要考虑的因素,选择清晰易读的字体、适当的字号和行间距,以确保读者能够轻松阅读并理解内容。

(1)字体的选择。选择清晰易读的字体对于提升内容的可读性至关重要。通常,无衬线字体如 Roboto、Open Sans 等在屏幕上更易阅读,因为它们没有额外的装饰线,使得文字更加清晰。

(2)字号的合适运用。字号的选择直接影响文字的可读性。过小的字号可能难以辨认,而过大的字号则会显得冗余。通常,正文的字号应在 14 磅到 16 磅之间,标题的字号可以略大一些。

(3)行间距的合理设置。适当的行间距有助于文字之间的清晰分隔,提高整体的可读性。过小的行间距可能使文字拥挤在一起,难以区分,而过大的行间距则可能导致阅读不流畅。

(4)段落的分隔。合理的段落分隔能够使整篇文章更具结构感,让读者更容易跟随内容的逻辑性。每个段落聚焦一个核心概念,通过适当的空行进行分隔。

(5)文字颜色的对比度。确保文字颜色和背景之间有足够的对比度,以便文字清晰可见。对比度不足可能导致阅读困难,特别是对于视力较差的读者。

通过关注这些排版设置的细节,你可以创建一个易读且清晰明了的新媒体内容,从而提升读者的阅读体验和理解程度。

2. 清晰的结构

在新媒体内容排版设置中,特别是在一些公众号内容创作中,清晰的结构对读者的理解和阅读体验至关重要。通过使用明确的标题和子标题,我们能够为文章建立起层次分明的结构,使读者能够快速了解文章的整体内容,并轻松找到感兴趣的部分。强调关键信息,如加粗字体或使用斜体,有助于突出重点,提高信息传递的效果。保持一致的风格,包括标题样式、字体选择和颜色,有助于建立统一的品牌形象,为读者提供一种稳定和专业的感觉。最后,对于较长的内容,我们可以添加一个清晰的目录,列出主要的章节,以便读者能够方便地导航到感兴趣的部分。通过遵循这些结构的建议,我们能够创造一个清晰、有序、易于阅读的新媒体内容,从而提升整体阅读体验(见图6-9)。

图6-9 公众号内容排版(图片来自网络资源)

3. 符合视觉习惯

视觉是人类感知和观察事物的能力,对于所接收到的信息,人们会在大脑的支配下利用视觉进行有选择性地感知。视觉习惯主要体现在易理解和良好使用两个方面。在栏目设置方面,我们需要遵循一定的视觉习惯。

这是因为在意识的引导下,眼睛习惯性地对所见事物和信息进行分类和筛选,最终形成视觉效果。一般的视觉习惯是,人的眼睛在横向上移动相对于纵向上移动要迅速且不易疲惫,移动的路径是从左到右,从上到下。

通常,用户在浏览、阅读时会有目的性地选择平台首页的栏目,这也符合视觉习惯的特性。所以,栏目设置被视为"眼睛"的艺术。特别是在考虑视觉效果要符合视觉习惯,那么在栏目设置时,栏目条最好在界面的上方和左侧,若信息过多,则界面的上下方都可以设置分类栏目,同时要把吸引眼球的信息放在显著的位置(见图6-10)。

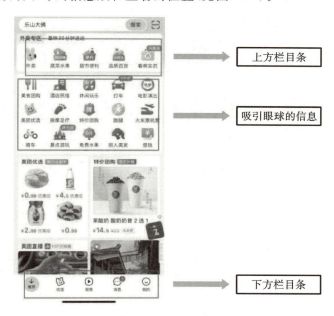

图 6-10　栏目设置排版(图片来自网络资源)

4. 根据喜好,设置栏目

结合文字、图像、视频等多媒体元素,可以丰富内容表达形式,提高信息传递的多样性。优化图文排版,让不同元素之间协调一致,使得内容的整体呈现更具吸引力。

许多新媒体平台在设置栏目时注重人性化设计,允许用户根据个人兴趣和阅读习惯自定义界面,这在App平台上体现得尤为明显。以腾讯视频App为例,用户可以根据自己的喜好和平台的浏览习惯自由增减栏目、调换栏目顺序,使界面更符合个性化需求,为用户提供更好的使用体验(见图6-11)。

在腾讯视频应用中,添加自己喜欢的栏目至首页的步骤如下。

打开腾讯视频应用,点击右上角的双横线图标,在全部频道页面下,选择欲添加至首页的频道栏目。进入频道主页后,点击右上角的"添加到首页"按钮。

5. 交互式排版

在内容中加入交互元素,如问题、投票或链接,能够提高读者的参与度。这种互动式排版可以激发读者的兴趣,使他们更愿意投入到内容中。

图 6-11 腾讯视频 App 栏目设置（图片来自网络资源）

6. 响应式设计

确保排版在不同设备上都有良好的显示效果，包括电脑、平板和手机。响应式设计可以适应不同屏幕尺寸，在不同设备上提供一致的阅读体验。

7. 加载速度优化

优化排版以提高页面加载速度，避免长时间的加载等待，提供更好的用户体验。

综合考虑以上因素，一个精心设计的排版能够使新媒体内容更具吸引力、可读性和信息传递效果，从而提升整体品质和读者满意度。

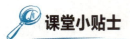课堂小贴士

常见的内容编辑器与图文设计工具

虽然新媒体内容精彩，但如果它的排版界面混乱，用户就没有点击和阅读的欲望。所以，一款好用的排版工具可以给用户带来舒适的视觉体验。接下来就介绍几款大家经常会用到的图文编辑器（见表 6-1）及剪辑修图工具（见表 6-2）。

表 6-1 图文编辑器

编辑器名称	主要功能
秀米	大量模板，操作简单、便捷
96 微信编辑器	10 秒作图、GIF 动图、设计神器、公众号变现
135 微信编辑器	编辑功能强大，拥有精美模板，操作简洁

表 6-2　剪辑修图工具

剪辑修图工具	主要功能
美图秀秀	灵活的图片编辑方式,大量可选的图片素材,非专业人士首选
Photoshop	专业级视频编辑软件,广泛应用于电影、电视和网络视频制作。它是专业图片编辑器,具有绘图、修图、文字排版等强大的专业编辑功能
剪映	剪映是一款由字节跳动开发的多平台视频剪辑工具,操作简便且功能强大,适合新手和专业用户使用。它提供了丰富的编辑功能,如剪辑拼接、特效滤镜、音频编辑、文字字幕等,内置大量模板和素材库,并支持多轨道编辑和多种格式导出,使用户能够轻松创建和分享高质量的视频内容

第 7 章 新媒体内容创作的方向与趋势

新媒体内容的发展一直与技术的进步密不可分。随着技术的不断创新,传播方式和手段发生了翻天覆地的变化。同时,新媒体领域引起人们消费方式的变化,这一变化不仅对内容受众产生了影响,还影响了内容的制作和传播。因此,研究新媒体内容受众的特点,了解他们的需求、喜好和消费习惯,将有助于更精准地制定内容策略,以满足不同受众的期待。本章将重点讨论新媒体内容未来的技术发展方向和主要受众群体的特点,以期更好地把握未来内容创作和传播的趋势。

7.1 新媒体受众人群特征

7.1.1 Z 世代群体

"Z 世代"是指 1995—2009 年间出生的一代人,他们一出生就与网络信息时代无缝对接,受数字信息技术、即时通信设备、智能手机产品等影响比较大,所以又被称为"网生代""互联网时代""二次元世代""数媒土著"等。成长在数字化环境中的年轻一代,他们对新媒体技术更为熟悉,更容易接受新兴的内容形式;他们倾向于注重视觉文化,更喜欢通过图像、视频等多媒体形式来获取和分享信息;他们对于色彩、设计、图形等方面有着较高的审美要求,倾向于追求个性化和创意性的文化体验;他们更喜欢轻松、有趣、富有创意的内容,对于新颖、独特的文化表达更加感兴趣。例如,二次元文化作为一种富有创意、个性、视觉冲击的文化形式,与"Z 世代"的审美和兴趣相契合。Z 世代人群深受二次元文化影响,其中泛二次元用户的占比可达 95%,该类人群在国内长视频、游戏、漫画领域的各大平台表现活跃。其中,强二次元属性能够为这些平台带来更多的"Z 世代"流量。

艾媒咨询(iiMedia Research)数据显示(见图 7-1),在 2015—2022 年中国二次元用户规模及预测中,2022 年中国二次元用户规模达到 4.34 亿人,体量巨大。在我国二次元用户中,95 后群体占比达到 60% 以上,是消费主力军,85 后群体占比为 20% 以上。由此可以看出,年轻一代是我国二次元产业的主要用户群体,这一群体付费意愿更高,二次元产品消费意愿更为强烈,利好二次元产业发展。

7.1.2 老年群体

随着数字化的普及,老年群体也逐渐融入新媒体的使用,新媒体内容也将更多地考虑满

图 7-1 中国二次元用户规模及预测（图片来自网络资源）

足老年群体的需求。老年群体更注重实用性和信息可靠性，更倾向于获取与健康、生活、家庭相关的内容。在社交媒体上，老年群体更注重与家人朋友的联系，分享家庭生活。简洁易懂的界面和内容对老年人更为友好。此外，老年群体对于数字隐私和安全方面的关注度较高，通常更加谨慎地使用新媒体平台。

课堂小贴士

老年人数字困境

数据显示，近年来，60 岁及以上网民数量快速上升，截至 2022 年 12 月，老年网民规模达 1.53 亿，老年人日均上网时长超过 4 小时。

随着互联网适老化改造不断推进，不少老年人前脚刚越过"数字鸿沟"，后脚便陷入"数字沉迷"。例如，不久前，被称为"中老年饭圈顶流"的网红主播"秀才"塌房，人们惊讶地发现，在他的粉丝中老年人占比高达 80%。老年人把"秀才"看成"云陪伴"的亲人或朋友，在评论区倒苦水、话家常、疯狂表白，不仅将其视为精神寄托，还把情感投射转化为金钱打赏。

7.1.3 特定兴趣群体

特定兴趣群体是面向特定兴趣、爱好或行业的内容及相关领域的用户，形成的是小而精准的受众群体。这些群体在社交媒体上形成紧密社群，喜欢分享经验，积极参与互动。

"特定"群体的个性化需求较高，喜欢定制化内容，更容易与符合自身兴趣的内容产生共鸣。此外，特定兴趣群体对即时更新和实时互动有较高期待，希望获取最新信息并与内容创作者保持实时联系。

7.2 大数据技术的崛起

大数据技术的崛起源于我们日常生活中涌现的海量信息和科技的飞速发展。随着互联网、社交媒体软件等使用的激增,各种形式的数据如雨后春笋般涌现。这不仅包括数字和文字,还包括图片、视频、音频等多样内容。得益于科技的进步,我们从过去只能处理表格和数据库数据,转变为如今能处理更加庞大且多样的数据。存储和计算成本的降低使得大规模数据处理变得更经济实惠。云计算的兴起为企业提供了灵活的大数据解决方案。

总体而言,大数据技术的崛起是我们日常生活中涌现的庞大数据量和科技不断演进的必然结果。这些技术不仅塑造着企业的决策和运营,也渗透到我们的日常生活中。

7.2.1 什么大数据技术

大数据是指一种在获取、存储、管理、分析等方面大大超出了传统数据库软件工具能力范围的数据集合,具有大量的数据规模、快速的数据流转、多样的数据类型和价值密度低四大特征。

如果我们把大数据比作一座巨大的图书馆,那么"庞大"的数据就是图书馆里面各种各样的书。这些书的形式各异,有的是整齐的书本(结构化数据,比如表格),有的是散乱的纸张(非结构化数据,比如文本、图片、音频、视频),还有一些介于两者之间(半结构化数据,比如电子邮件)。而大数据技术就像是图书馆管理员,能够帮助我们整理、查找和理解这座图书馆的信息。

对于大数据技术来说,处理速度很关键,因为数据的产生速度非常快,我们需要快速且准确地分析这些数据,以获取有用的信息。大数据技术可以挖掘数据的"宝藏",就像我们在手机上瞬间找到需要的照片一样,也像在图书馆中找到了许多有趣的故事。通过分析大数据,我们可以发现隐藏在数据背后的规律、趋势,甚至预测未来事件。这为企业、科研机构提供了更好的决策和创新的可能性。虽然大数据通常分散存储在不同的地方,但是大数据技术通过分布式处理,就像协同工作的团队一样,让这项工作更高效。

总的来说,大数据技术就是帮我们管理、理解、分析和利用这座大数据图书馆的一整套工具和方法。

7.2.2 大数据助力资讯类文案创作

成功地运用大数据技术可以实现个性化资讯服务。通过大数据深度分析用户的阅读行为、兴趣爱好和偏好,准确地了解用户的需求,从而在庞大的信息流中筛选出与用户兴趣相关的资讯。例如,今日头条充分利用大数据分析平台,通过深入了解用户的阅读习惯和喜好,实现了智能推送,精准地为用户推送感兴趣的内容,成功地打破了传统文化中与社会主义群体相关的信息头条定义,其产品"你关心的,才是头条"突显了以用户为中心的新定位,强调为用户提供个性化资讯。今日头条数据报告显示(见图 7-2):云南、青海和辽宁的用户最关注时尚资讯,北京、上海和广东的用户最关注科技资讯(计算公式:用户占比＝某省份对时尚或科技类资讯感兴趣的用户量/该省份用户总量)。

图 7-2　用户关注数据分析

在吸引用户的同时,留住用户成为软件生存的关键问题。今日头条通过数据分析,掌握用户阅读的时间段,实现合理有效的内容推送,引导用户形成固定的阅读模式。这一创新的内容创作模式有效地结合了大数据技术和用户个性化需求,为用户提供了更具吸引力和定制性的信息服务。

7.2.3　大数据助力于短视频创作

短视频在全网的影响力已经逐渐超越微信和微博,成为线上带货第一选择。大数据在短视频创作中发挥着关键作用。通过深度分析用户的浏览记录、点赞行为、观看时长等数据,短视频平台能够准确洞察用户的喜好和兴趣。这种个性化的数据分析使得平台能够为每个用户量身定制推荐内容,增强用户的体验感。

抖音红人李子柒通过具有东方意境的美食呈现收获 1100 万粉丝,其天猫店上线 3 天即破千万销售额。将服装从线下都搬到线上的太平鸟是抖音上毋庸置疑的"国货服饰之王",其独门秘诀之一便是基于大数据的内容分析与创意决策,以传播效果为最终落脚点,整合全网大数据进行深度分析,通过技术手段抓取与服装产品在抖音等平台最新的营销手段和内容模式,找出哪些内容是当前消费者喜欢看、愿意转发的,从而根据客户的实际情况制定针对性的短视频内容与营销方案(见图 7-3)。

7.2.4　大数据助力于文学创作

在文学创作中,大数据助力于文学创作的流程如下。首先,通过目标读者的深度分析,识别其兴趣和偏好。作家根据这些分析结果调整创作策略,优化小说的情节发展和人物塑造,以更好地内容迎合目标读者的需求。其次,通过大数据提供的语言风格和写作结构建议,作家能够优化表达方式,使作品更贴近读者口味。同时,大数据分析生成创意启发,为作家提供新颖的创意思路,激发创作灵感。在创作过程中,作家还能够获得实时的写作反馈和编辑建议,从而提高作品质量。

图 7-3　太平鸟旗舰店数据分析

这一流程使作家能够更精准地定位目标读者、优化创作策略，以及深化情节和人物，同时获得实时的语言和写作指导，全面整合大数据技术的支持，从而提升文学作品质量和读者体验。

 课堂小贴士

大数据视角下，1500 部文学作品告诉我们的创作规律

在美国历史上存在一桩备受争议的奇案，即《联邦党人文集》的作者身份之谜。两位政治家声称各自创作了这本被称为美国宪法圣经的文集中的 12 篇文章，引发了几个世纪的争论。历史学家们为了揭开谜底，从政治角度出发进行了深入研究，但未得出一致结论。

然而，这个千古之谜最终被统计学家轻松解开。通过对文集中常用词汇的词频进行比对分析，统计学家得出结论，确认了这 12 篇文章的真正作者是詹姆斯·麦迪逊。这个案例为大数据在文学领域的应用提供了有力的启示。

在作者本·布拉特的《纳博科夫最喜欢的词》一书以统计学方法分析了 1500 本文学作品，通过简洁而实用的数字展示，指出了一些重要原则，揭示了文字背后的创作规律。首先，伟大的作品往往使用修饰性副词较少，强调了表达的直接性。其次，每位作家都有独特的"风格指纹"，无论是在创作领域、题材还是词汇搭配上，这种个性都在作品中得以体现。最后，简单的作品更容易取得成功，这在统计学的角度上得到了验证。

这些发现引发了对文学创作中的写作规律的深思。统计学的视角为作家提供了更深入

的了解，让他们在创作过程中更注重表达的直接性和个性化，同时也凸显了简单作品的受欢迎程度。大数据的应用为文学创作带来了全新的思考方式，揭示了文字背后的规律，为寻求成功的作家提供了有益的启示。

7.2.5 大数据技术指导影视剧内容创作

2013年，美国视频网站Netflix投拍的电视剧《纸牌屋》第一次将大数据技术运用于影视创作之中，取得了巨大的成功。自此，全球的影视业都开始关注大数据在影视创作中的应用。在影视剧创作中，大数据发挥着关键作用。通过深入分析观众的收视习惯、社交媒体讨论和在线搜索行为，创作者可以精准地选择热门题材、塑造特定人物，并提高剧本的吸引力。大数据还揭示了观众对演员和角色的偏好，帮助制片方在演员选择和角色塑造上更好地迎合观众口味。此外，大数据分析有助于制定有效的市场定位和推广策略，提高作品的曝光度。观众反馈的实时追踪也使创作者能够及时调整剧情和人物发展，提高剧集口碑和收视率。毋庸置疑，大数据成为电影行业的重要工具，如票房预测、精准营销、C2B创作、电影推荐等。而基于大数据的常规应用，电影人也将从中挖掘出更多"宝藏"，产生了许多我们见所未见、意想不到的创新应用，帮助他们降低风险、提高作品的质量，同时保持创造力和艺术灵感，实现电影大数据的良性循环。

Netflix 掌握所有用户的行为与喜好

首先让我们来看看《纸牌屋》的大数据力量（见图7-4）：《纸牌屋》的出品方兼播放平台Netflix在一季度新增超300万流媒体用户，第一季财报公布后股价狂飙26%，达到每股217美元，较以往8月的低谷价格累计涨幅超三倍。这一切，都源于《纸牌屋》的诞生，它是从3000万付费用户的数据中总结收视习惯，并根据对用户喜好的精准分析进行创作。

图7-4 纸牌屋

《纸牌屋》的数据库包含了3000万用户的收视选择、400万条评论、300万次主题搜索。最终，拍什么、谁来拍、谁来演、怎么播，都由数千万观众的客观喜好统计决定。从受众洞察、受众定位、受众接触到受众转化，每一步都由精准细致高效经济的数据引导，从而实现大众创造的C2B，即由用户需求决定生产。

根据Salon.com的内容分析，Netflix掌握了所有用户的行为与喜好，每一次的点击、播放、暂停、快转、回播、观赏的时间、次数与周期,都会成为一个事件(event)。此外,每部影片都会加上不同的标签,如导演、演员、编剧、制片、类型、情节等,将以上这些记录存下来,并把每笔资料汇入后台进行数据分析。

根据官方公布的数据,75%的用户大都接受Netflix的影片推荐。于是Netflix通过这样的数据分析,向使用者提问,是否喜爱看政治剧(political thrillers)?喜爱看政治剧的人是否也喜欢看大卫芬奇执导的影片?透过简单的假设提问,找出使用者的喜好比例,为自制影集《纸牌屋》找到有很大概率会收看的目标客群。

7.3 人工智能技术

中国的人工智能产业虽然起步较晚,但近年来在产业布局和技术研究方面取得了显著进展。巨头企业的深入布局为人工智能产业的扩大奠定了基础,根据中国信通院的数据,人工智能产业规模从2019年开始迅速增长,2021年同比增长33.3%,2022年达到5080亿元,同比增长18%。尽管增速有所放缓,但在2023年其规模将达到5784亿元,增速为13.9%。如今,我国人工智能产业正在蓬勃发展,已步入世界前列。

人工智能技术的不断进步为新媒体领域的多元化提供了巨大机遇,内容个性化推荐、自动化内容生成、情感分析等技术的应用推动了新媒体内容的多样化和创新。总体而言,中国人工智能产业的强劲发展将为新媒体的多元化带来了更多可能性和机遇。

7.3.1 人工智能是什么

人工智能(AI),也称为机器智能,是制造出来的机器展现的智能行为。通常,人工智能指的是利用计算机程序模拟人类智慧的技术。这些智能系统能够观察周围环境并采取行动以达到预定目标,被称为智能主体。

美国斯坦福大学人工智能研究中心的尼尔逊教授给人工智能下了一个知识相关的定义,认为人工智能是关于知识的学科,涉及如何表示和获取知识的科学。而麻省理工学院的温斯顿教授则将人工智能定义为研究如何让计算机去完成以前只有人类能够做的智能工作。

简而言之,人工智能是一门研究如何让机器具备一定程度的智能,使其能够执行类似人类智能的任务的学科。它包括让机器能够理解周围环境,做出适应性行动,以及学习和应用知识。这项技术的目标是让计算机能够像人一样思考和解决问题,从而实现更多智能化的应用(见图7-5)。

7.3.2 人工智能技术助力于新媒体内容创作

目前,人工智能技术已经广泛应用于内容策划和创作领域,各类相关报道层出不穷。在

图 7-5 人工智能的应用

2014年,美联社采用人工智能系统抓取公司发布的财报,进行自动统计分析,并在几秒之内生成了数百字的新闻稿,展现出高效的写作模式。

随着技术的发展,2015年,美联社将人工智能写稿的应用领域扩展到棒球比赛报道,一旦获取比赛分数,即刻生成相应的报道。在2016年里约热内卢奥运会期间,华盛顿邮报的写稿机器人Heliograf在获取比赛信息后几乎实时生成相关报道,展现了人工智能在实时新闻生成方面的潜力。

2017年,一家韩国通讯社也进行了测试,成功使用人工智能进行足球比赛报道,几秒钟内就能将稿件上线。在2018年,法律人工智能平台LawGeex在审核协议比赛中,不仅速度超过了人类律师,而且准确率也更高。

2022年11月30日,OpenAI发布了一款人工智能模型——ChatGPT,结合了"聊天"方式和"Generative Pre-trained Transformer"技术。它通过在海量文本数据上的预训练,自学语言规则和模式,使其能够理解人类语言并生成内容,实现了自主的交互能力,无须人工干预。

国内互联网巨头如阿里、腾讯和百度等,都已推出各自的写稿机器人,标志着我国在人工智能技术应用方面取得了显著进展。这些技术的快速发展为内容创作领域注入了新的活力,使得自动化写作成为现实。

1. 个性化推荐与智能创作助力内容精准传递

个性化推荐技术在媒体领域的成功应用是一项关键工作,其定位用户群体的能力对于传播效果至关重要。这项技术为媒体提供了有效的内容传播手段,通过在内容分发过程中为用户提供个性化体验,定制推荐内容,减少用户搜索相关内容所需的时间。

未来,人工智能在媒体行业的新突破将主要体现在内容生产领域。尽管人工智能尚不能超越人类的创造力,但它可以在信息收集、数据整理和内容包装等方面发挥作用,减轻媒体人的繁重工作负担,使他们有更多时间从事创造性工作。此外,人工智能还能通过多种方式提升用户体验。通过学习用户偏好,精准理解用户需求,实现细化的用户划分和分析,为用户提供更加个性化的服务。此外,人机交互使得用户体验更为立体化和场景化。

以今日头条为例,其采用人工智能算法来个性化推荐新闻和文章(见图 7-6)。它通过分析用户的浏览历史、点击行为及兴趣偏好,能够为每位用户定制独特的信息流,使用户更容易找到他们感兴趣的内容。这种个性化推荐不仅提高了用户满意度,也促进了信息的精准传递与制作。

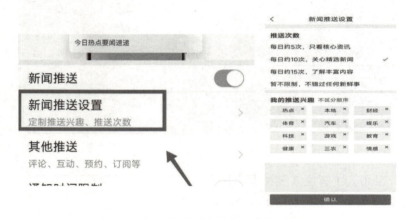

图 7-6　今日头条设置新闻类型界面

2. 人工智能助力于新媒体内容制作

在激烈的新媒体竞争中,人们对于内容时效性和准确性的要求日益提高。在这个背景下,人工智能成为内容制作者的得力助手。首先,通过自然语言处理技术实现文章的自动写作和编辑,包括语法检查和错别字修正,减轻了作者的负担。其次,利用数据分析,人工智能将优化标题选择,提高用户的点击率。最后,通过个性化推荐系统,可以根据用户兴趣推送相关内容,还能生成富有创意性的文本、图像或视频,为创作者提供灵感。

此外,人工智能利用图像识别和语音合成技术将文字内容转化为吸引人的多媒体形式,甚至通过情感分析评估文章情感色彩,帮助创作者更好地满足读者需求。例如,智能编辑辅助提供建议,可以帮助创作者提高文章质量;时效性分析可通过监测实时数据把握热门话题。这些综合应用使得新媒体内容创作更智能、高效,满足读者个性需求,提升整体内容质量。

在百度 App 中的"杭州频道"焕新升级之后,以人工智能互动为引擎,通过百度 AI 笔记的引入,实现了人工智能个性化定制,紧密结合旅游、美食、文化、亚运资讯等四大主题,与本地优质创作者共同打造深受杭州市民喜爱的原创内容,为用户提供更贴近个人兴趣的内容,让使用者在操作中亲身感受到人工智能在创作中的独特优势,为本地内容生态的创意水平注入了新活力(见图 7-7)。这体现了人工智能在媒体创作中的积极作用。

第 7 章 新媒体内容创作的方向与趋势

图 7-7 杭州频道

 7.4 虚拟现实技术和增强现实技术

随着互联网时代的崛起，人类交流方式焕然一新，纷纷涌入新的领域。这一演进的过程可概括为从命令界面、图形用户界面、多媒体界面到虚拟现实（简称 VR）/增强现实（简称 AR）界面。在这个演进中，虚拟现实技术和增强现实技术成为亮眼的焦点。

7.4.1 虚拟现实技术和增强现实技术简介

随着人类与计算机之间进行信息交互的技术手段和方法不断深入，使得用户能够更方便、高效地使用计算机系统，为更加智能、便利的未来社会奠定坚实基础。

1. 虚拟现实技术

虚拟现实技术是由美国 VPL 公司创始人贾沃·莱纳尔（Jaron Lanier）于 20 世纪初提出的一项创新概念。这一技术综合了计算机图形系统和各种感知及控制接口设备，旨在通过计算机生成的可交互的三维环境，为用户提供沉浸感觉。这个由计算机生成的虚拟环境具有可交互性，使用户仿佛身临其境，与真实世界完全隔绝，营造出一种身临其境的感觉（见图 7-8）。

虚拟现实技术在新媒体方面的应用领域十分广泛，下面对此进行简单介绍。

（1）在娱乐方面，虚拟现实游戏和电影为用户提供了前所未有的沉浸式体验，使他们能够身临其境地参与其中。

（2）虚拟旅游和文化体验使用户能够远程探索地球上的各个角落和参观博物馆，丰富了旅游和文化的体验。

图 7-8　VR 体验

（3）虚拟社交平台和活动使用户在虚拟空间中进行更真实的社交互动，促进了远程合作。

（4）虚拟现实还为新闻报道、广告和市场推广等领域提供了创新的可能性，增加了信息传递和品牌体验的沉浸感。

（5）在教育领域，虚拟学习环境为学生创造了沉浸式的学习体验。

总体而言，虚拟现实技术的广泛应用丰富了用户的媒体体验，推动了数字时代新媒体和内容创作者的创新发展。

2. 增强现实技术

近年来，虚拟现实技术在各个行业迅速应用，然而其引发的问题，如用户在虚拟世界中的隔离感和与传统人类感知方式的冲突，成为亟待解决的挑战。为了应对这些问题，增强现实技术应运而生。

与虚拟现实技术不同，增强现实技术通过将计算机生成的虚拟物体或有关真实物体的非几何信息叠加到真实世界场景中，实现对现实的增强。这种技术的独特之处在于它并未切断与真实世界的联系，保持了与现实的紧密关联，使得用户在体验增强的同时能够自然地与周围环境互动。因此，增强现实技术的兴起被视为在数字化时代解决虚拟现实问题的一项创新举措，为人们提供了更为综合、真实且自然的数字体验（见图 7-9）。

7.4.2　VR 技术和 AR 技术带来的新的内容体验

VR 技术和 AR 技术在新媒体领域的趋势主要体现在社交互动、新闻娱乐转变、商业应用拓展、教育革新、互动广告，以及移动端技术融合等方面。社交 VR 平台的迅速发展使用户能够在虚拟空间中实时互动，分享体验，从而促进社交连接。在新闻报道和娱乐内容方面，采用 VR 技术和 AR 技术能提供更为沉浸式、交互式的体验，用户通过 AR 技术获取实时信息，而 VR 技术则为其提供身临其境的娱乐体验。

CNN 等媒体机构利用 VR 技术进行新闻报道，使观众能够身临其境地体验新闻事件，

第 7 章 新媒体内容创作的方向与趋势

图 7-9　AR 体验

从而增加报道的生动性和沉浸感。此外,VR 头戴设备也为用户提供了进入虚拟电影院、享受沉浸式电影和娱乐体验的机会,使观众仿佛置身于影片之中。这一系列创新应用为用户提供了更为丰富、沉浸和创新的数字体验,同时也推动了新媒体领域的不断发展。

1. VR/AR 直播

近年来随着 5G 技术带来的大带宽、低延时等便利性,VR 直播技术已被广泛应用于各大行业,掀起一股颠覆性的新浪潮。VR 直播通过多机位方式,为观众呈现了一个可多场景、720°实时观看的沉浸式直播画面,既保证了观众的体验感,还赋予了用户极大的自主选择权,通过场景切换、角度调节,让用户能随心所欲看到自己想看的内容(见图 7-10 至图 7-13)。

图 7-10　2021 年北京两会期间采用 5G＋VR 高清直播

同时,VR 直播还拥有丰富的营销功能。例如,它可以在直播间聊天区发送红包,调动用户参与度;可以在直播界面插入轮播广告,极大地提升品牌曝光;还可以在直播过程中添加商品弹窗链接,实现有效转化。沉浸式场景、耳目一新的视觉感受和极具营销价值的互动方式,VR 直播在带给用户新鲜视觉体验的同时,还极大地提升了品牌形象价值、降低了转化成本。

图 7-11　2022 年北京冬奥会，中央广播电视台推出"VR 看冬奥"

图 7-12　2023 年江苏卫视跨年演唱会 VR 直播通道

图 7-13　快手全景视频技术举办清华大学 110 周年校庆直播活动

AR 直播互动在"扫一扫"的基础上增加了交互属性，以类似玩游戏的方式丰富了用户的体验，提供点击等形式。在 AR 互动应用方面，一些电商品牌成为主力军，包括宜家、京东等，都推出了 AR 试穿、试戴、试装、预装的体验。

以宜家为例，通过 IKEA 应用，用户可以在线将心仪的家具通过 AR 模型"放"在家里，提前观察家具的尺寸和颜色是否适合自己的家居环境，从而在购买前做出更为明智的决策（见图 7-14）。这种互动式体验不仅使用户更深入地了解产品，还为购物决策提供了实用而直观的工具。

图 7-14　宜家 AR 互动场景

这些 AR 互动体验在电商品牌中的应用为用户提供了更直观、沉浸的购物体验，帮助他们更好地了解产品特性，提高购物决策的准确性和信心。这种趋势进一步表明了 AR 技术在提升用户互动和改善购物体验方面的潜力。

2. AR/VR 与短视频

AR 技术和 VR 技术在短视频领域的融合呈现出创新的趋势。内容创作者可以利用 AR/VR 技术创作出更富有创意和沉浸感的短视频，通过引入虚拟元素、滤镜和道具，为观众提供更为有趣的观看体验。抖音平台已经成功应用 AR 滤镜，用户可以通过 AR 滤镜变换成不同的动物、明星或电影角色，创造出有趣的视频内容（见图 7-15）。

同时，通过 VR 技术，用户可以在短视频中体验虚拟旅游、虚拟演唱会等场景。2023 年 8 月 3 日，一款名为"开飞 VR"的 VR 视频 App 上线 PICO 商店，并迅速拿下免费榜第一（见图 7-16）。对于这些用户而言，戴上 VR，用充满沉浸感的方式，感受精彩的生活和美丽的风景，绝对是一个不错的选择。

总体而言，AR/VR 与短视频的结合为内容创作者提供了更广阔的创作空间，同时为观众带来更为多样、有趣、沉浸式的数字娱乐体验。

图 7-15　抖音 AR 滤镜使用场景

图 7-16　开飞 VR 视频 App

实训篇

第 8 章 实 训 任 务

8.1 新媒体平台选择

一、任务背景

新媒体平台种类繁多,且各具特色。其中,社交媒体平台(如微博、微信)侧重于即时信息的传播和互动;视频平台(如抖音、快手、B站)则以短视频和长视频内容为主,强调视觉冲击力和内容创意;博客平台(如简书)提供了深入交流和专业知识分享的空间;播客平台(如喜马拉雅)通过音频内容传播知识和信息。这些平台在功能、用户群体和内容形式上都有明显的差异,适用于不同的传播需求和目标受众。

二、任务要求

通过对主流新媒体平台的调研和分析,学生将全面了解各个平台的功能特点、用户群体及其在不同应用场景中的优势。

三、任务操作

1. 平台归类

熟悉主流新媒体平台,明确平台的归属(见图8-1)。

根据对平台的了解分析,确定主流新媒体平台的归属,请将以下主流新媒体平台整理至对应的派系矩阵归属框中(见图8-2)。

2. 分析短视频平台的定位与推荐机制

在众多短视频平台中,由于各平台在用户群体、内容特点、推荐机制等方面存在明显差异。全面分析各平台的特点,厘清目标受众和运营目标,有助于精准定位适合企业的短视频平台。因此在新媒体运营工作初期,进行全面的平台定位和选择显得至关重要。通过分析并识别抖音、微信视频号、快手、B站四个短视频平台的定位,对比各平台算法推荐原理,并分析关键影响因素,与推荐机制描述进行匹配,完成下列配对(见图8-3)。

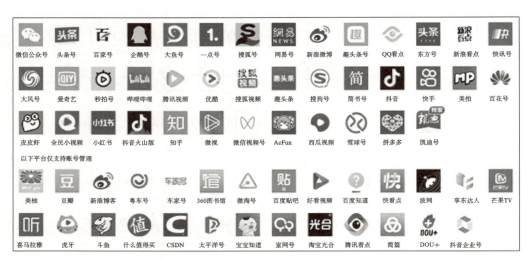

微信公众号 头条号 百家号 企鹅号 大鱼号 一点号 搜狐号 网易号 新浪微博 趣头条号 QQ看点 东方号 新浪看点 快讯号
大风号 爱奇艺 秒拍号 哔哩哔哩 腾讯视频 优酷 搜狐视频 趣头条 搜狗号 简书号 抖音 快手 美拍 百花号
皮皮虾 全民小视频 小红书 抖音火山版 知乎 微视 微信视频号 AcFun 西瓜视频 雪球号 拼多多 凯迪号
以下平台仅支持账号管理
美柚 豆瓣 新浪博客 粤车号 车家号 360图书馆 微淘号 百度贴吧 好看视频 百度知道 快看点 波网 享东达人 芒果TV
喜马拉雅 虎牙 斗鱼 什么值得买 CSDN 太平洋号 宝宝知道 室网号 淘宝光合 腾讯看点 简篇 DOU+ 抖音企业号

图 8-1 新媒体平台

主流新媒体平台：微信公众号，腾讯视频，爱奇艺，快手，今日头条，抖音，火山小视频，百度贴吧，百度知道，优酷，新浪微博，bilibili，小红书。
腾讯系
阿里系
百度系
头条系

图 8-2 主流新媒体平台的归属

抖音
音乐创意短视频社交软件
微信视频号
内容记录与创作平台
快手
记录分享生产、生活短视频社区
B站
以二次元为主题的弹幕视频分享平台
①定位为短视频为主的社交媒体平台，注重轻松创意、娱乐内容，以吸引年轻用户。推荐机制主要基于用户个性化兴趣，通过分析用户行为、点赞、分享、观看时长等数据，采用AI算法为用户推送符合其兴趣的内容。
②以二次元文化为主题，以弹幕评论为特色的二次元文化社区，后来逐渐扩展至更多领域。推荐机制结合用户行为、关注、历史观看记录等，通过智能学习，为用户推送个性化的内容。弹幕评论也为用户提供了一种独特的社交互动体验。
③以用户创作和分享为主的短视频平台，主打真实生活内容，以及一定程度上的社交互动。推荐机制注重用户互动，分析用户的点赞、评论、分享等行为，结合用户画像，为用户推荐更符合其喜好的短视频。
④内容创作和分享平台，注重提供专业、深度、高质量的内容，面向广泛的用户群体。多维度推荐算法，结合用户的浏览历史、兴趣标签等，为用户提供更符合其口味和专业领域的内容。

图 8-3 配对平台

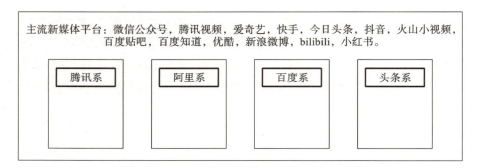

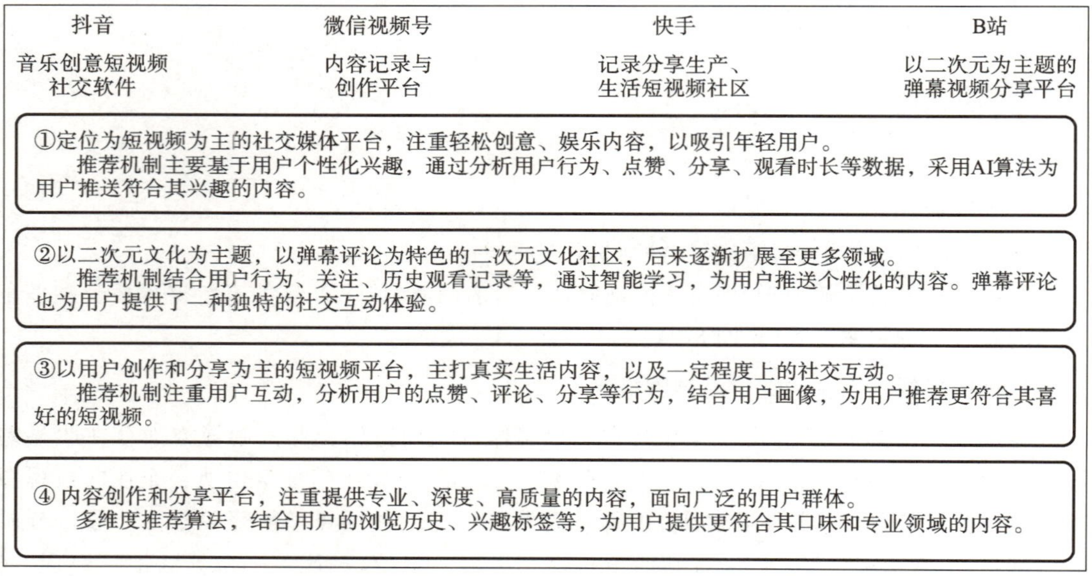

任务思考：短视频营销与其他营销方式相比，有哪些优势？

_____

_____

_____

3. 文案类平台的定位与选择

学生选择 3~5 个主流新媒体平台进行调研，了解各个平台的用户特点、文案风格和传播方式，完成下列表格（见表 8-1）。

表 8-1　主流新媒体平台特点

平台名称	用户特点	文案风格	传播方式

如果你要运营平台，请选择合适的文案平台，并将结果填入到表格里（见表 8-2），并说明你的理由。

表 8-2　合适的文案平台

平台名称	选择结果
微信公众号	
微博平台	
自媒体平台	
问答平台	

任务思考：在短视频无处不在的今天，有人说类似于微信公众号这样的图文内容，已经没有市场了，你如何看待这一说法？

_____

_____

_____

内容创新与传播：新媒体文案创作与运营

8.2 平台日常内容审核

一、任务背景

在各个新媒体平台上，确保发布内容的质量至关重要。平台对于发布内容有一系列要求，包括避免使用敏感词汇、符合平台规范，以及不与平台已有文章重合度过高等。如果违反这些规定，可能导致内容无法正常发布，甚至面临被封号的风险。

为了规避上述情况，除了保证文章的原创性之外，我们需要特别注意避免使用违法、违规、低俗等敏感用词。为了有效管理内容，建议建立并维护自身的敏感词库，将其作为内部审核的基础标准。这将有助于提升内容质量，确保发布的内容符合各平台的规定，从而降低触发平台规则的风险。通过不断提高内容质量，我们可以更好地适应不同平台的审核要求，保持账号的正常运营。

二、任务要求

根据敏感词条的常用场景，能将未分类词条进行正确的分类，在审查新媒体内容时能够使用敏感词库、智能文本审核工具和图像审核工具，确保文案和图像合规。同时，结合个人经验与专业知识，深入理解语境，最终提供综合意见，包括详细的指导和建议，以确保海报符合规范。

三、任务操作

1. 敏感词库的建立与维护

掌握网络敏感词可以帮助平台和用户更好地管理和规范在线内容。常见网络敏感词分类主要涉及以下几个方面：政治敏感词，社会事件敏感词，性别、性取向敏感词、宗教敏感词，民族、种族敏感词，暴力、恐怖主义敏感词，色情、低俗敏感词，侮辱、谩骂敏感词，广告、欺诈敏感词。

还有比较常见的一类是违反广告法的极限用词，比如"第一""唯一""最""顶级""独家""首选"等。

所以在内容创作的阶段，追求语言激励性的同时应该谨慎用词，以免带来负面效应。

按照上面的敏感词库分类标准，将下列敏感词进行归类（见图 8-4）。

2. 敏感词汇过滤

在进行内容审核时，可以充分利用百度 AI 开放平台提供的文本审核和图像审核工具，请创建一条文本或者图像内容，完成后利用百度 AI 开放平台进行审核并得出结论。

审核按照如下步骤进行。

主席、尼玛、疫情、TOP1、赌博、同性恋、阴阳人、人渣、革命、资金周转、罢工、全民免单、反动、种族歧视、信号枪、山寨、剩女、跳楼甩卖、娘炮、恐怖分子、诈骗、咖啡因、防疫措施、恭喜获奖、疫苗接种、名牌。

政治敏感词	
社会事件敏感词	
性别、性取向敏感词	
宗教敏感词	
暴力、恐怖主义敏感词	
色情、低俗敏感词	
侮辱、谩骂敏感词	
广告、欺诈敏感词	

图 8-4　敏感词分类

文本审核：利用百度 AI 开放平台中的文本审核工具，将文本放入分析框进行审核。查看分析结果，以确保文本内容符合平台规范。

图像审核：利用百度 AI 开放平台的图像审核工具对整张图片进行审核。上传图片并查看分析识别结果，确保图像中不包含违规或敏感内容。

签发审批意见：根据文本和图像审核结果，结合内容，给出审核意见（见图 8-5）。

图 8-5　百度 AI 开放平台审核的过程与结果

8.3　新媒体平台实操

一、任务背景

随着互联网技术的发展，新媒体平台在信息传播、社交互动、营销推广等方面扮演着越来越重要的角色。尽管新媒体平台的潜力巨大,但要在其中获得成功并不容易,需要个人具备一定的操作技巧和策略规划能力,同时还需要不断学习和调整,以适应平台和用户的变化。因此,进行新媒体平台实战的实践性训练显得尤为重要。

二、任务目标

通过实战操作,学生将深入了解新媒体平台的操作界面、功能模块和使用技巧,掌握如何发布内容、管理账号、与粉丝互动等基本操作。

1. 资讯平台——发布头条号内容

自 2016 年今日头条旗下的"头条号"推出以来,它已成为创作者、媒体机构和企业机构发布原创内容的重要平台。该平台支持多样化的内容形式,包括文字、图片和视频,并借助今日头条先进的推荐算法实现个性化推荐,提高内容曝光度。

"头条号"适用对象广泛,平台内容在"头条号"的运营中扮演着关键角色,不仅为创作者提供了展示原创作品的舞台,还通过社交互动功能(如关注、点赞和评论),搭建了创作者与用户之间的互动平台,吸引更多关注和用户互动,同时,这也是头条号进行个性化推广和变现的基石。

2019 年 5 月,今日头条的创作者均可申请开通"头条小店"为商家提供线上销售渠道,通过内容变现增加收入,店铺页面将出现在作者的今日头条、西瓜视频、抖音、火山个人主页上,这种独特的商业形态将社交和电商巧妙融合,为商家提供便捷而高效的运营方式(见图 8-6)。

今日头条下的媒体平台矩阵

头条号平台优势

优势	简介
智能推荐	快速获取移动阅读用户
高收益	头条广告、自营广告
原创保护	独有"消重"保护机制,打击盗版与抄袭

消重:就是指对重复、相似、相关的文章进行分类和比对,使其不会同时或重复出现在用户信息流中的过程。头条号平台首先会通过消重机制来决定同样主题或内容的文章是否有机会被推荐给更多用户。

图 8-6 头条号

1)今日头条内容及调研

打开今日头条进入"推荐"界面:浏览不同类型的"头条"内容,选择几个代表性的进行观察。

分析"头条"内容的文案和图片特点:观察文案内容、语言风格、表达方式、重点信息。

观察图片内容:图文搭配、排版设计、颜色搭配等。

分析容易点赞和收藏的类型:总结哪些类型的内容更容易受到用户点赞和收藏。

分析点赞和收藏的原因:观察用户评论,了解用户对内容的评价和喜好。

为什么这些内容能够引起用户的共鸣,是因为实用性、趣味性还是其他原因?填写头条内容调研表格:将观察和分析的结果填写到表格中(见表8-3)。

表 8-3 头条内容调研表

标题	内容	图片特点	容易点赞和收藏的类型	点赞和收藏的原因

为什么这个内容能够吸引大量浏览量和获得高点赞和收藏?将观察和分析的结果填写到表格中(见表8-4)。

表 8-4 热门内容情况分析

热门内容	浏览数量	获赞数量	收藏数量	运营原因分析

2)发布头条内容

(1)登录账号:打开今日头条App,并确保已登录账号。

(2)选择头条号:在底部导航栏或个人中心找到"头条号"入口,点击进入头条号管理页面。

(3)创建或编辑文章:在头条号管理页面,你可以选择创建新文章或编辑已有的文章。点击"写文章"或"编辑"按钮,进入编辑器。

(4)编辑文章内容:在编辑器中,可以添加文字、图片、视频等多种内容形式。使用编辑工具栏进行排版、样式设置等操作,确保内容的清晰性和吸引力。

(5)添加标题和封面:给文章添加标题,并选择合适的封面图。标题和封面图对于吸引读者非常重要,应该精心设计。

(6)设置标签和分类:选择适当的标签和文章分类,有助于文章在平台上的分类展示和推荐。

(7)预览和调整:在编辑完成后,预览整篇文章,确保格式和内容的准确性。如有需要,可以对文章进行适当的调整。

(8)选择发布时间:可以选择立即发布或设置定时发布的时间。这将使你更好地掌控文章的发布时机。

(9)添加推荐语:为了提高文章的点击率,可以添加一段吸引人的推荐语,简要描述文章内容或亮点。

(10)发布文章:确认无误后,点击"发布"按钮,将文章提交至平台。系统将进行审核,审核通过后文章即可在头条平台上发布。

2. 社交类平台——发布微信公众号推文

1)微信

微信是腾讯公司于2011年1月21日推出的一款免费社交程序,旨在为智能终端提供即时通信服务。该应用支持跨通信运营商、跨操作系统平台,用户可以通过微信快速发送免费的语音短信、视频、图片和文字。此外,微信功能丰富,用户可以轻松分享精彩内容到微信朋友圈;可以通过扫描二维码等方式添加好友或关注公众平台;可以通过"摇一摇"查找"附近的人";同时,还可以通过微信支付进行便捷的交易。微信不仅提供了便捷的通信工具,更成为一个综合性的社交、支付、娱乐和商务平台,受到全球用户的喜爱。

微信公众平台主要包括服务号、订阅号、小程序和企业微信4种类型(见图8-7)。

图8-7 微信公众平台

2)微信公众号内容及调研

用户调研:使用问卷、访谈或社交媒体数据分析等方法,收集目标用户的基本信息、兴趣偏好和行为特征。

用户画像:基于调研结果,绘制目标用户画像,明确用户群体的特征和需求。

内容策划:根据目标用户的需求和兴趣,制定推文内容策略,确定主题和主旨。

文案撰写:精心设计推文内容,注重语言风格的匹配和表达的吸引力,确保内容的创意性和可读性。

排版设计:设计推文的排版,结合图片、视频等多媒体元素,提升内容的视觉吸引力。

3)微信公众号发布

(1)登录微信公众平台,依次点击"管理""素材管理""新建图文消息""编辑图文"。需要注意的是,图文消息的内容中无图片数量限制,但正文必须包含文字,图片中文字内容加正文内容不超过 20000 字。

(2) 编辑图文内容,包括标题、摘要、正文内容及封面。

(3) 编辑图文内容的界面。

(4) 编辑完成后,点击"预览"并将内容发送至个人微信账号,检查格式和内容,确认无误后保存。

微信公众平台允许在群发之前选择"发送预览",输入个人微信号后,可以在手机上查看效果。请注意,发送预览只有输入的个人微信号能接收,其他粉丝无法查看。预览的图文目前不支持"分享到朋友圈",但可以分享给微信好友或微信群。

将文章进行推广,以浏览量和点赞量等数据为依据进行评比,相互交流经验。

3. 内容电商平台——发布小红书用户笔记

小红书是一个以生活方式分享社区为特色的 App,覆盖了时尚、护肤、彩妆、美食、旅行等多个领域。截至 2023 年 1 月,小红书用户超过 3.5 亿,主要面向高消费、都市白领、90 后和 00 后的年轻群体,其中 24 岁以下人群占比达 58.3%,女性占比高达 87%,线上消费人群占比达 51%,强大的消费力人群聚集造就了小红书强大的电商属性。

小红书独特之处在于它是从社区发展起来的。与其他电商平台不同,最初,小红书的社区的核心是用户分享海外购物经验,从而形成了一个社交化的购物社区。随着时间的推移,小红书的内容范围逐渐扩展,涵盖了美妆、个护、运动、家居、旅行、酒店、餐馆等各个方面的信息分享,形成了一个以生活方式为核心的社交平台。这种多元化的内容覆盖了用户的生活方式的各个层面。

社区已经成为小红书的一种壁垒,因为它具有无法复制的特殊性。这个社区不仅仅是一个购物平台,更是一个生活方式的社区。用户在这里分享的内容不仅仅是虚拟身份的展示,而是源自他们真实的生活。这为小红书赋予了独特的真实性。

小红书用户可通过发布"笔记"来记录自己的生活和购物体验,分享心得与评价,为其他用户提供参考和推荐。小红书被赞誉为"三次元社区",这是因为它与大多数网络社区不同。大多数网络社区是虚拟的,用户在线上进行消费,其体验也在线上结束。而在小红书的社区,用户在线上获取信息,无论选择的是美食还是旅行,他们都必须回到现实生活中去实际消费,才能完成这个体验。

这种特殊的"三次元"体验使得小红书的社区更贴近现实生活,将线上和线下有机地结合起来。用户通过在平台上进行"线上分享",分享各种消费体验,引发社区互动。这种互动不仅停留在虚拟空间,更推动其他用户在现实生活中去实际消费,形成了一个正循环。所以在小红书上分享内容需要用户具备丰富的生活和消费经验,这也是吸引粉丝关注的关键。用户的分享不仅仅是产品的推荐,更是他们在实际生活中的体验和见解。这种真实性使得小红书的内容更具吸引力,也让用户更容易建立起与粉丝的互动和连接。因此,小红书的社区特性不仅是平台的特色,也是其成功的关键因素之一。

小红书的社区模式具有良性的社会影响。用户通过"线上分享"消费体验,不仅能够推动其他用户去实际消费,也能够在社区中形成有益的信息传递。这些用户的分享和消费行为不仅仅是个体的,还能对整个社区产生影响,引导更多的用户参与到"线上分享"和"线下消费"的循环中。

随着人们的生活越来越走向数字化,小红书的社区在"消费升级"的大潮中将发挥更大的社会价值。通过促使用户在现实生活中进行更有质量的消费,形成积极的社区互动,小红书不仅在数字社交领域取得成功,也在社会经济层面发挥了积极作用。

1)热门小红书"种草"内容及调研

打开小红书进入"推荐"界面:浏览不同类型的"种草"内容,选择几个代表性的进行观察。

分析"种草"内容的文案和图片特点:观察文案内容,如语言风格、表达方式、重点信息。

观察图片内容:图文搭配、排版、颜色搭配等。

分析容易点赞和收藏的类型:总结哪些类型的内容更容易受到用户点赞和收藏。

分析点赞和收藏的原因:观察用户评论,了解用户对内容的评价和喜好。为什么这些内容能够引起用户的共鸣,是因为实用性、趣味性还是其他原因?填写热门小红书内容调研表格,将观察和分析的结果填写到下面表格中(见表8-5)。

表8-5 热门小红书内容调研表

标题	"种草"内容/文案	图片特点	容易点赞和收藏的类型	点赞和收藏原因

点击进入热门内容账号主页:查看账号的粉丝、获赞、收藏等相关数据。

分析账号运营好的原因:观察账号的发布频率、内容质量、互动方式等因素。为什么这个账号能够吸引大量粉丝和获得高点赞和收藏?将观察和分析的结果填写到表格中(见表8-6)。

表8-6 热门内容账号调研表

热门内容账号	粉丝数量	获赞数量	收藏数量	运营原因分析

2)发布小红书"种草"笔记

选择"种草"对象:挑选一款产品或线下场所,如个人喜爱的"爱用好物"或线下"吃喝玩乐"推荐。

选择理由:确定为何选择这个对象发布"种草"笔记,可能是个人喜好、特别体验、独特卖点等。

调研方式:进行个人体验,亲自使用产品或亲自去线下场所。

资料收集:查找相关资料、用户评价、专业评测等。

编写"种草"笔记文案:

引言——简短介绍"种草"对象和选择理由;

个人体验——详细描述个人使用或体验过程;

产品特点——突出产品或场所的独特之处;

使用心得——分享使用后的感受和体验。

拍摄推荐图片:为文案配图(拍摄清晰、有吸引力的图片)。

展示产品特色:突出产品外观、功能等。

反映使用场景:如果是线下场所,展示实际环境。

填写表格:将策划的内容填写到表格中(见图8-8)。

种草对象	简介	
	特点	
	思路	
内容	标题	
	文案	
图片	封面图	
	内容图片	

图8-8 小红书"种草"笔记内容策划表

在小红书软件中进行编辑、排版并发布:使用小红书软件对文案和图片进行编辑、排版。

发布流程:遵循小红书平台的发布流程,包括添加标签、选择话题、设定可见范围等(见图8-9)。

4. 短视频平台——抖音内容创作发布

抖音最初通过邀请中国音乐短视频玩家入驻平台,利用这些玩家带来的流量吸引用户。2017年3月13日,某相声演员在微博上转发了一位模仿者的短视频,引爆了抖音的关注,促使其百度指数大幅上升。这一事件之后,抖音与多位音乐人合作,并以赞助商身份进入音乐选秀节目。

2017年8月,抖音的国际版"TikTok"上线,扩大了其国际影响力。2017年11月,今日头条收购了北美音乐短视频社交平台"Musical.ly",并将其与抖音合并。

截至2018年6月,抖音短视频的日活跃用户数量已超过1.5亿,月活跃用户数量超过3亿。抖音主要定位为年轻人的音乐短视频社区,其用户主要分为三类:内容生产者、内容次生产者和内容消费者。

内容生产者(网红):这是抖音的前台用户,热衷于音乐和短视频制作。他们具有高度的热情和专业度,在平台上建立个人品牌,甚至构建商业矩阵,同时花费精力运营粉丝和社群。

内容次生产者:这一类用户在内容创作上可能不如网红专业,但他们喜欢通过二次创作、模仿等方式参与平台,为内容的二次传播贡献力量。

内容消费者:这是广大用户群体,主要是观看和享受抖音平台上的短视频内容,形成了

图 8-9 小红书笔记发布流程

庞大的用户基础。

抖音为了让不同类型的用户都能玩得尽兴,设计了一系列实用功能。系统推荐像个智能小助手,知道你喜欢啥,给你推荐符合个人口味的视频;同城内容推荐让你发现身边朋友的创意;关注页集中展示你关注的人的最新作品;消息页汇总了粉丝的点赞和评论,让你感受其他用户对你的喜爱;个人页是你的主页,展示你的创作成果和粉丝数量。这些功能旨在让用户更轻松地找到喜欢的视频,了解粉丝互动,同时也能方便地展示个人创作。抖音通过吸引不同类型的用户,尤其是内容生产者和内容次生产者,成功建立了一个充满活力和创意的社交娱乐平台。

"带货"短视频案例分析。

在任何时代的市场营销中,关注点都应该放在消费者身上,而不是产品本身。在过去,护肤品的描述可能是一些高度女性化或专业的词汇,对于大部分男性来说可能较为陌生。本案例介绍的就是一款男性护肤产品的带货短视频。短视频通常分为开场背景介绍、优惠机制与催促购买三大部分,可根据视频实际情况进行划分,并计算各部分内容占总时长之比。

开场导入——背景介绍(introduction)。在这里需要我们注意"三秒钟"是至关重要的时间刻度。若一个短视频无法在最初的三秒内激发用户的兴趣和好奇心,那么它很可能会被用户快速划走。因为用户现在变得异常挑剔,对视频的耐心极为有限。创作者应充分认识到短视频"三秒钟"的关键性,通过在视频的最初几秒钟精心设计吸引人的画面或音效,巧妙引入主题,并简要介绍本期视频内容,以确保观众在短时间内产生浓厚的兴趣。在案例产品背景介绍这个过程中,强调男性肌肤的需求,如控油、清爽等特点。

产品的逐一介绍(product showcase)。随后的时间可能会用于逐一介绍产品系列。每款产品的介绍可能包括品牌、功效、使用方法等相关信息。这部分内容通常会占据视频的主要时长，以确保观众对每款产品有清晰的了解。案例中的视频以简洁、生动的方式突出了产品的两个关键特点：控油和清爽。通过使用更贴近日常生活经验的词汇，如清风，来传达产品效果，降低了消费者理解、想象和决策的成本。因为消费者已经进入了对产品尝试购买的阶段，尤其是那些之前缺乏护肤经验，并且对于护肤细节并不过多关注的男性。

优惠机制与催促购买（promotions and urgency）。最后一部分可能涉及相关的优惠信息、购买链接或者促销活动。这部分的目的是激发观众的购买欲望，可通过特别的优惠、有限的促销时间等方式。案例视频大约用了5秒解读整个优惠机制，通过生动的语言和直观的演示向观众传达产品的实惠性。在最后的时间内，通过肢体语言、表情等方式催促消费者点击"购物车"进店购买，强调购物的便捷和即刻行动的重要性。

在短视频中，对产品描述的重点在于降低成本，使消费者更轻松地理解、想象和决策。避免使用需要深度思考的描述，而是采用更贴近生活、易于理解的方式，以确保在有限的时间内向观众传达产品信息。针对您自选的"带货"短视频，您可以按照这个框架来分析，看看视频中是否有类似的结构，以及每个部分的时长占比如何。

案例脚本如表8-7所示。

表8-7 案例脚本

时间	画面内容	文案内容	拍摄方式	备注
0:00—0:02	主人公换装，拿出一系列男性护肤品	男士们，时尚不止于衣着，护肤也是必不可少的哦	主人公换装动作，展示一系列护肤品	画面简洁，突出主题（背景介绍）
0:02—0:05	产品整齐摆放，LOGO灯光闪烁	品牌Y男性护肤品系列，给你帅气与自信的全方位呵护	中景展示产品整齐摆放，LOGO灯光闪烁	突出品牌形象，LOGO引人瞩目（背景介绍）
0:05—0:10	主人公拿起第一款产品，产品特写	先来看看我们的招牌明星——控油神器	产品特写，主人公拿起第一款产品	突出产品特色，注重细节（背景介绍）
0:10—0:20	主人公展示产品功效，使用方法	不仅控油，而且清爽无负担，简单几步就能拥有清透好肌肤	特写展示使用方法，主人公配合示范	强调功效，生动演示（产品介绍）

续表

时间	画面内容	文案内容	拍摄方式	备注
0:20—0:25	产品拓展画面,展示第二款产品	接下来,轻松迎接我们的二号明星——焕活能量水	拓展画面展示第二款产品,LOGO 滑入	过渡自然,突出新品(产品介绍)
0:25—0:35	主人公展示第二款产品功效、使用方法	给肌肤注入能量,一抹清新,活力四射	特写展示使用方法,主人公配合示范	强调功效,生动演示(产品介绍)
0:35—0:40	产品拓展画面,展示第三款产品	紧接着是我们的三号强者——深层补水露	拓展画面展示第三款产品,LOGO 滑入	过渡自然,突出新品(产品介绍)
0:40—0:50	主人公展示第三款产品功效、使用方法	不让干燥侵扰你的肌肤,给予它水润呵护	特写展示使用方法,主人公配合示范	强调功效,生动演示(产品介绍)
0:50—0:55	产品整体画面,LOGO 旋转	这不仅能护肤,更能对肌肤进行深度呵护,品牌 Y,肌肤与你同在	整体画面展示产品,LOGO 旋转	突出品牌形象,LOGO 引人瞩目(产品介绍)
0:55—0:58	优惠机制介绍,产品打折图示	只限今天,购买任意两款即可享受 8 折优惠哦	主人公展示打折图示,LOGO 灯光闪烁	强调优惠,提高吸引力(优惠机制)

1)"带货"短视频分析

在抖音短视频平台挑选一个"带货"短视频(右下角带有购物车链接),时长要求一分钟以上。对该短视频的营销文案进行解析(见表 8-8),分析其打动消费者的关键元素,并结合该案例撰写命题短视频脚本(需要注意的是,抖音和快手中只有"蓝 V"可以直接发布产品的营销视频)。

表 8-8 短视频基础信息表

项目	分析内容
带货视频标题	
带货视频图文	
购物车图文	
发布日期	

2)"带货"短视频脚本撰写

结合上述内容,模拟促销情景,对一款你感兴趣产品进行短视频营销,以吸引更多消费者购买为目的,撰写文案,介绍产品,突出特点。

(1)选择一款心仪的产品进行短视频推销。

(2)根据搜集到的信息与亲身体验,编写短视频脚本与文案,短视频预估时间在1~3分钟,完成下表(见表8-9)。

表 8-9 短视频脚本与文案表

时间	画面内容	文案内容	拍摄方式	备注

(3)教师点评,对每组短视频脚本进行修改完善。

3)短视频拍摄

根据命题,首先完成产品调研,然后参考课堂学习的知识,用手机或者相机拍摄产品对产品进行推广介绍。最后上传至抖音平台,检查传播效果。打开抖音应用,加载抖音主界面。

手机界面显示抖音图标,点击进入应用。

定位上传按钮:在主界面下方中间位置找到"+"号,这是用于上传抖音文件或拍摄的按钮进入上传界面(见图 8-10)。

点击"+"号后,系统会跳转到另一个界面,下方有相册图标,选择上传文件(见图 8-11)。

在上传界面中,选择手机里拍摄的视频文件,截取视频片段并进行变速等编辑(见图8-12)。

图 8-10 上传界面

图 8-11 相册图标页面

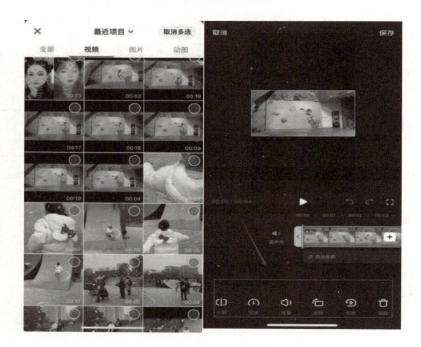

图 8-12 截取视频片段

在编辑页面,可以选择配乐、特效、文字、贴纸滤镜、画质增强、变声、自动字幕等操作进行视频编辑(见图 8-13)。

输入标题:在标题编辑页面,输入视频标题文字。

发布视频:输入标题后,点击右下角的"发布"按钮,将视频文件发布到抖音上。

检查效果:根据短视频在抖音平台的效果进行检查和评估(点赞量、评论量、@你、播放量,见图 8-14)。

经验总结:根据投放效果,总结经验,优化未来的视频内容和推广策略。

注意:抖音平台操作界面截至 2024 年 1 月,后续的版本更新可能会导致操作方式略有不同。

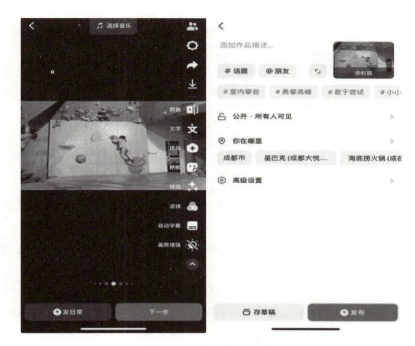

图 8-13　视频编辑界面

图 8-14　检查和评估参数

参考文献

［1］（加）马歇尔·麦克卢汉. 理解媒介：论人的延伸［M］. 何道宽，译. 北京：商务印书馆，2000.

［2］（美）安德森. 长尾理论：为什么商业的未来是小众市场 M］. 乔江涛，石晓燕，译. 北京：中信出版社，2015.

［3］沈阳. 新媒体：融合、冲突与变革［M］. 北京：清华大学出版社，2019.

［4］秋叶，张向南，勾俊伟. 新媒体运营实战技能［M］. 北京：人民邮电出版社，2020.

［5］马文娟，杜作阳. 短视频运营实物［M］. 北京：清华大学出版社，2021.

［6］李悦彤. 新媒体时代文案创作与营销［M］. 长春：吉林出版社，2021.

［7］IMS（天下秀）新媒体商业集团. 新媒体内容策划［M］. 北京：清华大学出版社，2022.